쉽고 재미있게 생각하는 연산!

연산력 수학

B4

(7세~초1)

받아올림이 있는 한 자리 수의 덧셈

노크의 구성

연산 학습 ▶ 하루에 4쪽씩 한 가지 주제를 학습합니다.

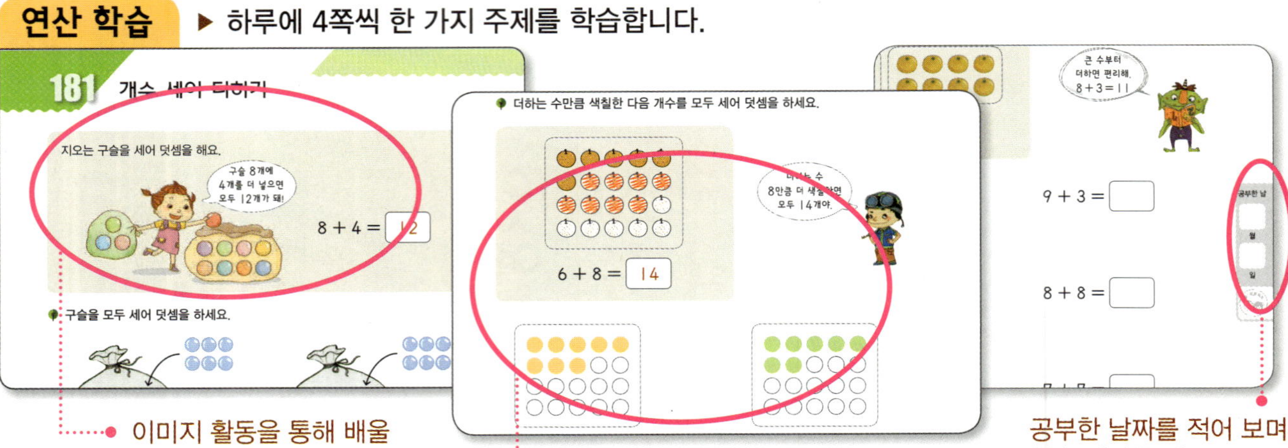

이미지 활동을 통해 배울 내용을 이해해요.

활동을 통해 배운 내용을 연습해요.

공부한 날짜를 적어 보며 학습 관리를 해요.

평가 ▶ 배웠던 주제를 평가해 봅니다.

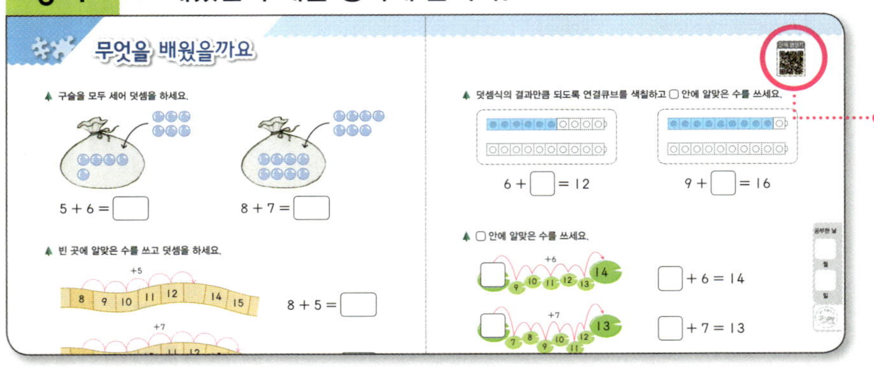

"문제 생성기" QR코드를 이용하면
여러 문제를 더 풀어 볼 수 있어요.

연산 보충 학습 ▶ 연산 학습의 부족한 부분을 연습합니다.

합이 10보다 큰 더하기
관련 쪽수: 6~27쪽

+ 덧셈을 하세요.

5 + 6 =	4 + 8 =
7 + 7 =	6 + 9 =
9 + 4 =	7 + 5 =
8 + 6 =	9 + 8 =

```
  7        5        8
+ 4      + 9      + 7
```

+ □ 안에 알맞은 수를 쓰세요.

5 + □ = 11	□ + 8 = 16
3 + □ = 12	□ + 9 = 13
9 + □ = 16	□ + 7 = 12
5 + □ = 14	□ + 8 = 15
7 + □ = 13	□ + 6 = 14

각 주제별로 학습했던 연산 학습 중 연습이 더 필요한 부분을 본책 맨 뒤에서 제공합니다.
해당 연산 학습을 끝낸 후에 사용하세요.

연산력 수학 노크만의 스마트 학습

문제 생성기

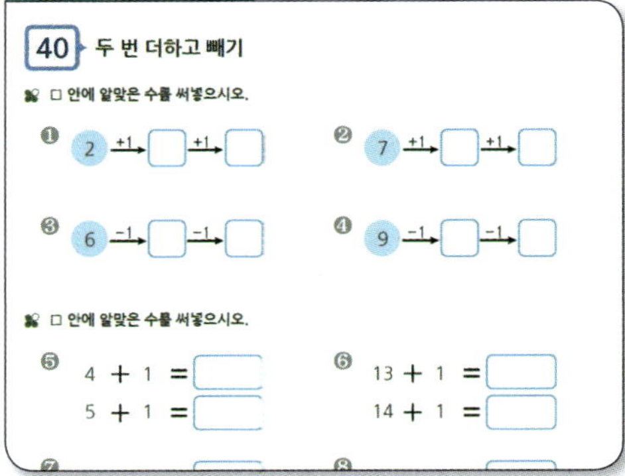

"무엇을 배웠을까요"를 풀고 난 후 QR코드를 찍어 보세요.
새로운 문제들이 계속 생성됩니다.
출력하여 사용하세요.

연산력 게임

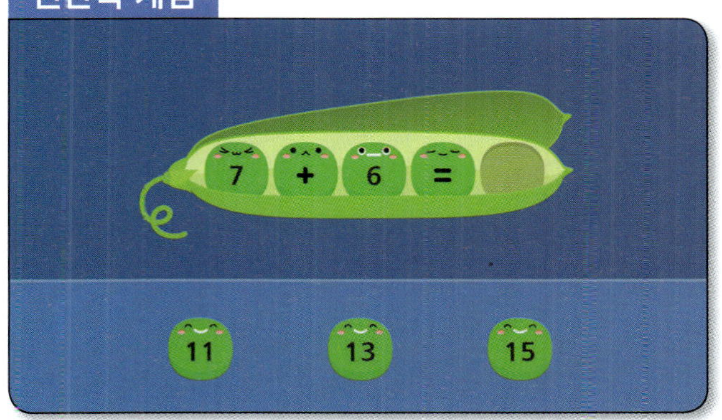

"연산력 게임" 코너에 있는 QR코드를 찍어 보세요.
연산 학습과 연계된 재미있는 연산력 게임을 할 수 있습니다.

연산력 수학 노크에 나오는 친구들을 소개해요!!

애니메이션

모험가 친구들

지오
호기심 공주

태경
활동파 리더

마법사 멀린과 수학 요정

마법사 멀린

꼬마 요괴

딴소리

한입

장난

딴짓

멍하니

잠만자

울보

거꾸로

차례

연산력 수학 노크 B4

합이 10보다 큰 더하기

▶ 연산 보충 학습(102~103쪽)에서 더 풀어 보세요.

학부모 지도 가이드

이번 차시에서는 합이 10보다 큰 한 자리 수의 덧셈을 공부합니다. 개수를 세어 더하기와 뛰어서 더하기를 통해 계산 원리를 자연스럽게 이해하고 가로셈과 세로셈으로 덧셈을 능숙하게 할 수 있도록 합니다. 또한 다양한 수식 모델을 활용하여 □가 있는 더하기의 □의 값을 쉽게 구할 수 있도록 지도해 주세요.

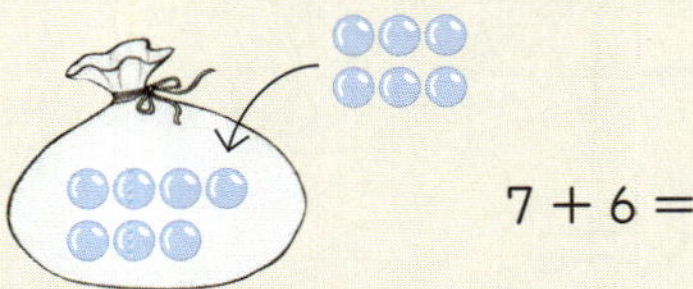

$$7 + 6 = 13$$

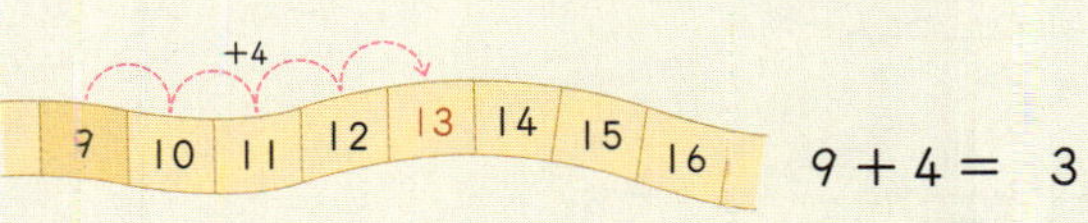

$$9 + 4 = 3$$

개수 세어 더하기

🌳 구슬을 모두 세어 덧셈을 하세요.

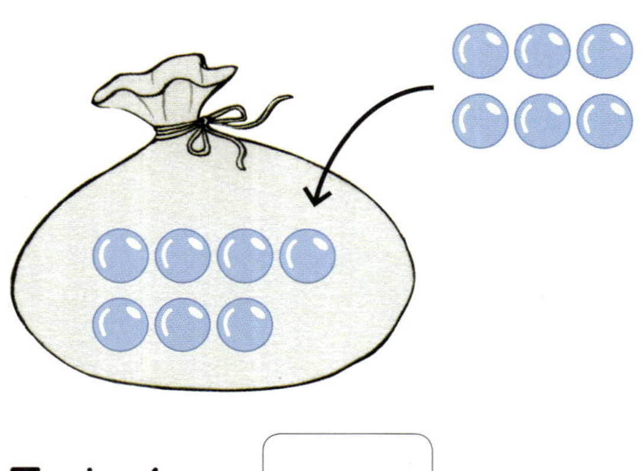

$7 + 6 =$ ☐

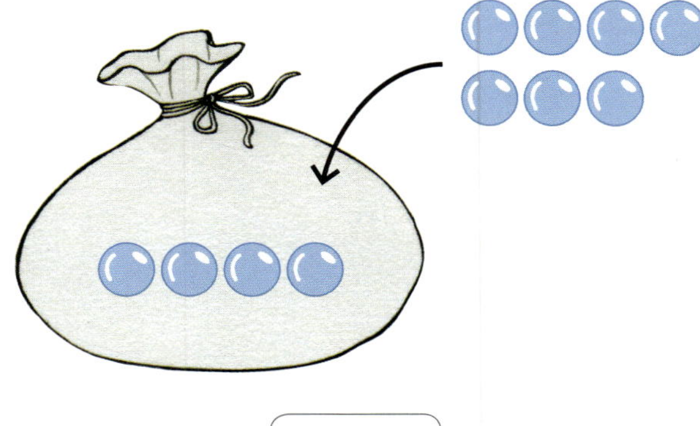

$4 + 7 =$ ☐

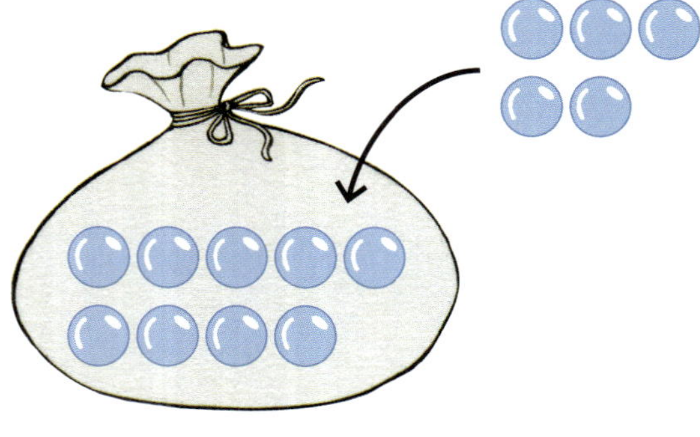

$9 + 5 =$ ☐

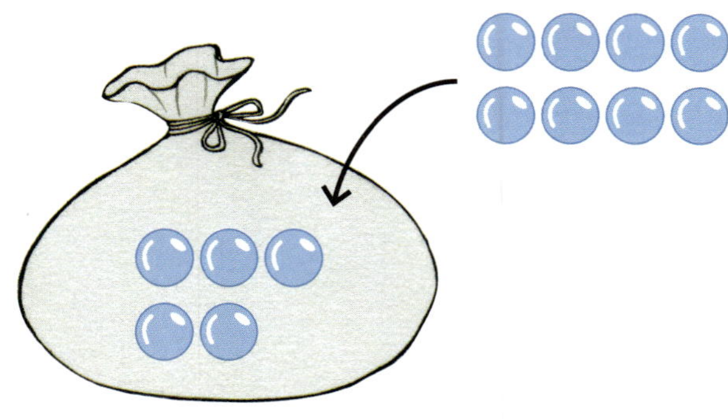

$5 + 8 =$ ☐

🌱 **더하는 수만큼 색칠한 다음 개수를 모두 세어 덧셈을 하세요.**

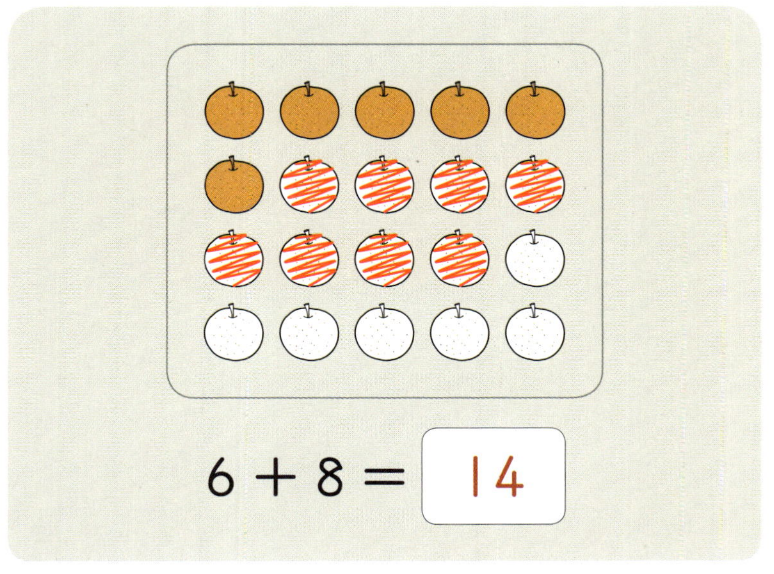

$$6 + 8 = \boxed{14}$$

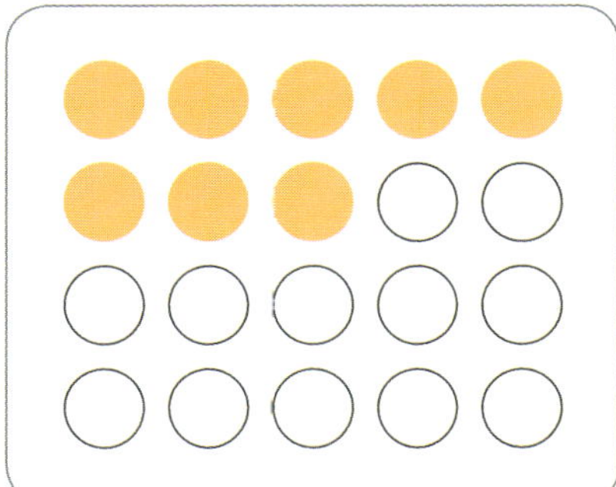

$$8 + 8 = \boxed{}$$

$$7 + 5 = \boxed{}$$

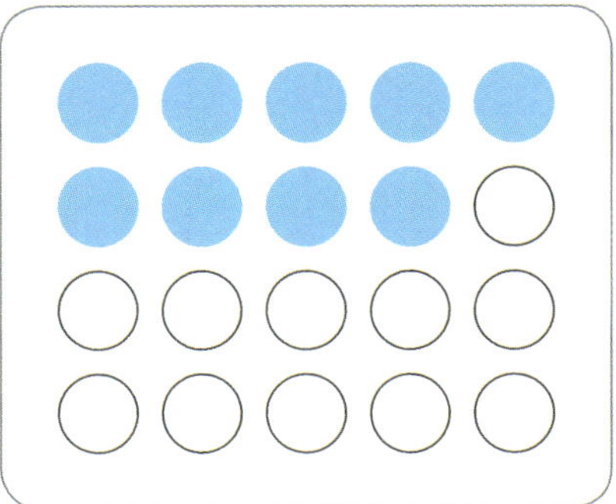

$$9 + 8 = \boxed{}$$

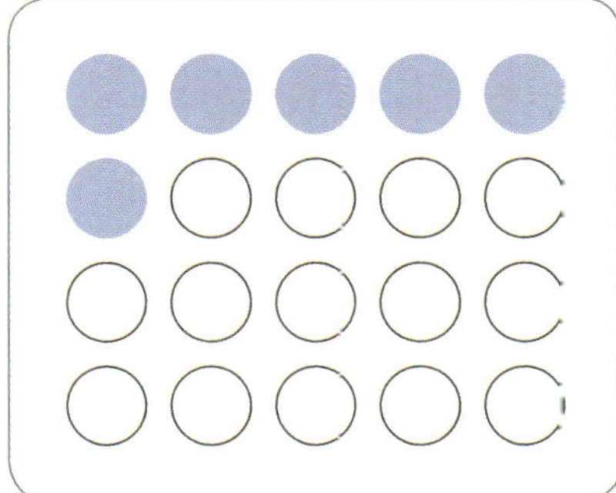

$$6 + 9 = \boxed{}$$

$$9 + 5 = \boxed{14}$$

그림을 모두 세어 덧셈을 하세요.

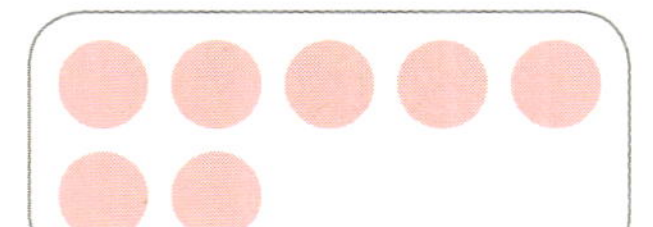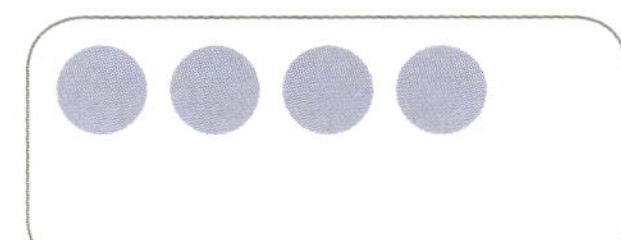

$$7 + 4 = \boxed{}$$

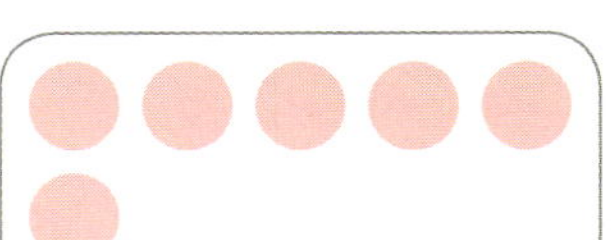

$$6 + 8 = \boxed{}$$

$$6 + 6 = \boxed{}$$

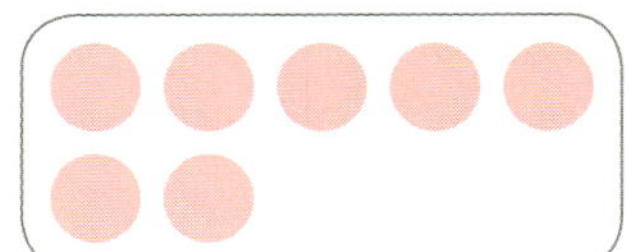
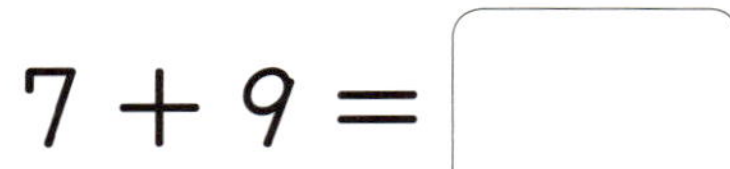

$$7 + 9 = \boxed{}$$

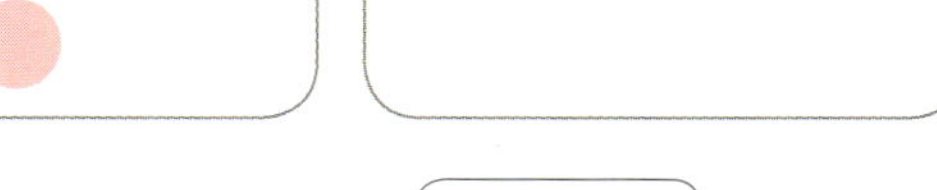

$$8 + 5 = \boxed{}$$

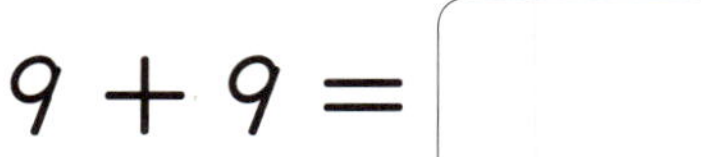

$$9 + 9 = \boxed{}$$

🌳 덧셈을 하세요.

$$3 + 8 = \boxed{11}$$

$6 + 5 = \boxed{}$

$9 + 3 = \boxed{}$

$7 + 8 = \boxed{}$

$8 + 8 = \boxed{}$

$4 + 9 = \boxed{}$

$7 + 7 = \boxed{}$

$9 + 6 = \boxed{}$

$8 + 9 = \boxed{}$

공부한 날
월
일

뛰어서 더하기

🌳 빈 곳에 알맞은 수를 쓰고 덧셈을 하세요.

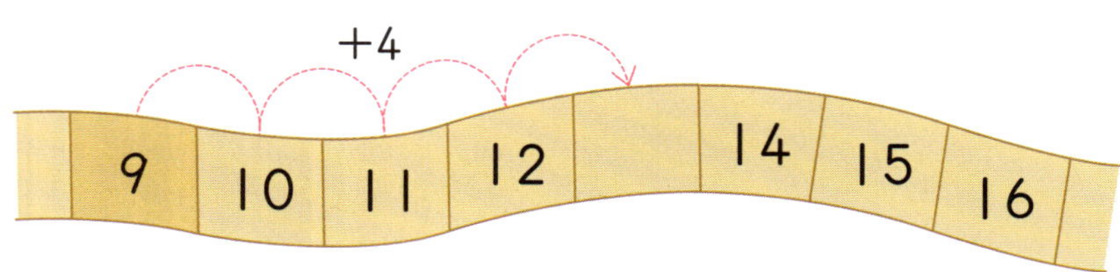

$9 + 4 = \boxed{}$

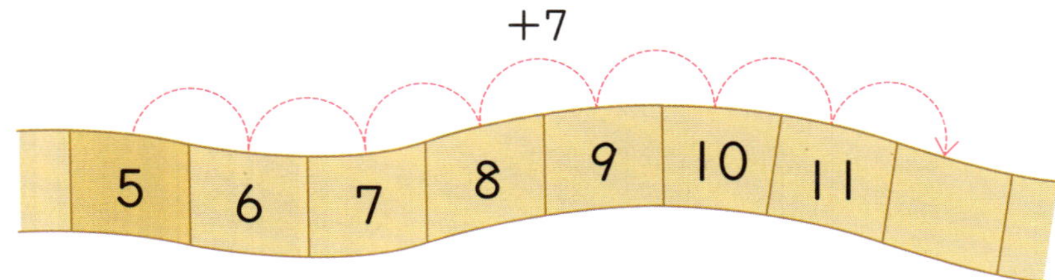

$5 + 7 = \boxed{}$

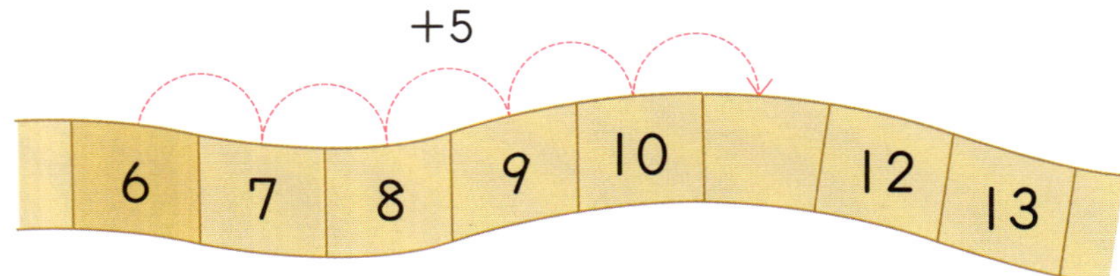

$6 + 5 = \boxed{}$

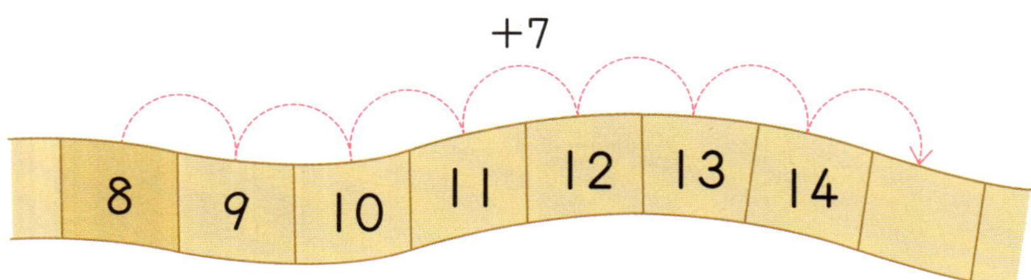

$8 + 7 = \boxed{}$

🌳 **빈칸에 알맞은 수를 쓰고 덧셈을 하세요.**

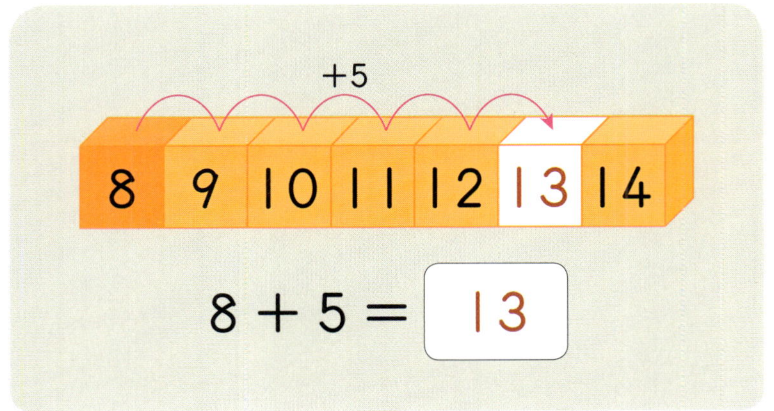

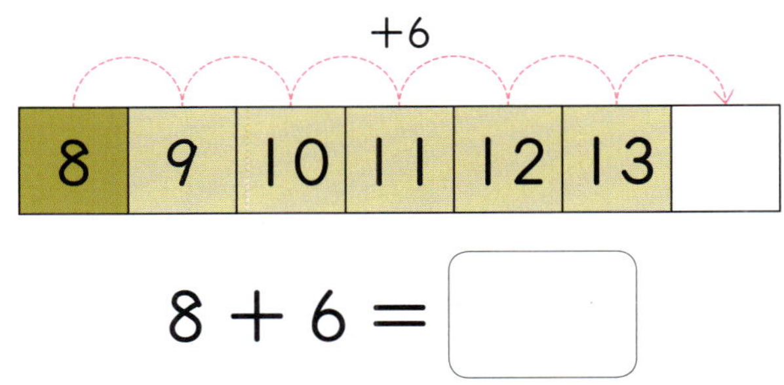

8 + 6 =

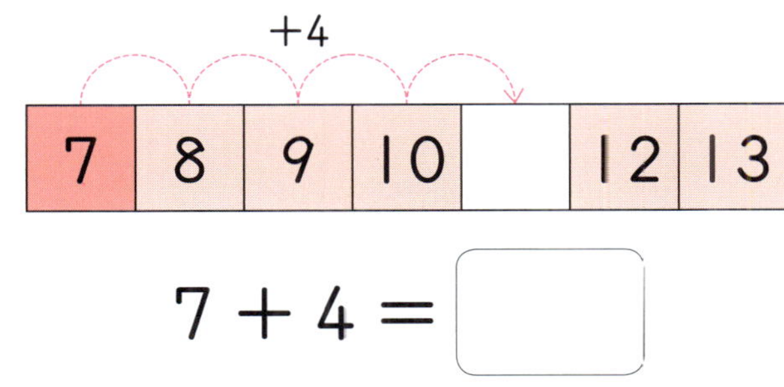

7 + 4 =

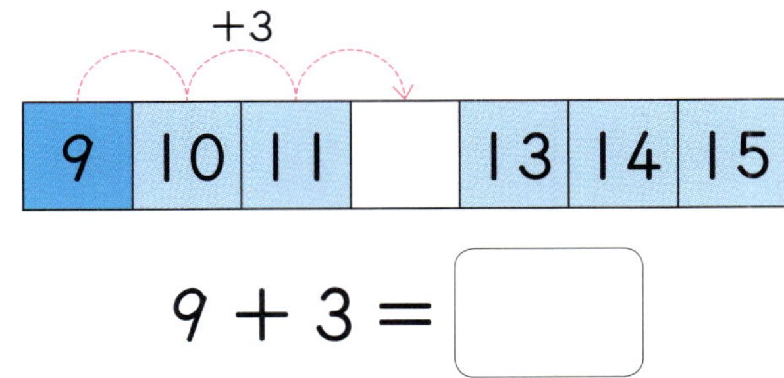

9 + 3 =

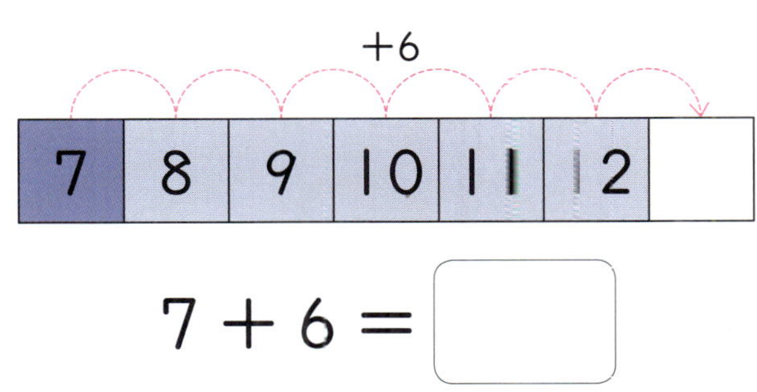

7 + 6 =

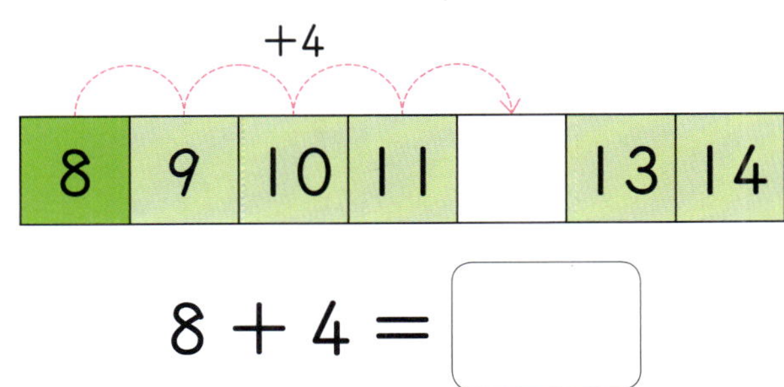

8 + 4 =

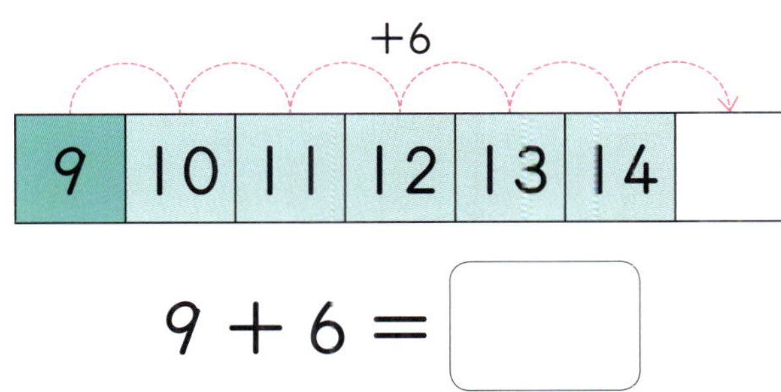

9 + 6 =

지오는 벌집에 적힌 수를 관찰하고 있어요.

+7
5
6
7
8
9
10
11
12

5에서 더하는 수
7만큼 앞으로
뛰면 돼.

5 + 7 = 12

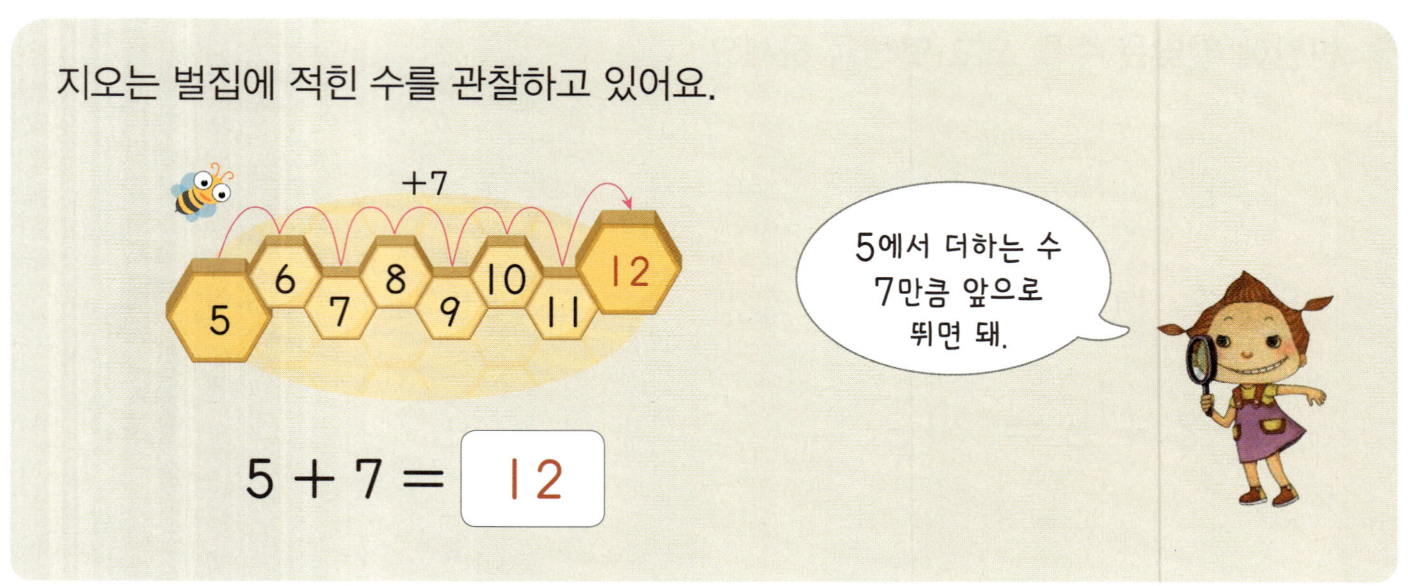

빈 곳에 알맞은 수를 쓰고 덧셈을 하세요.

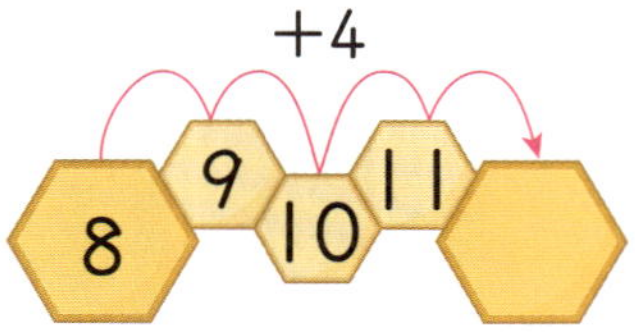
+4
8
9
10
11

8 + 4 = ☐

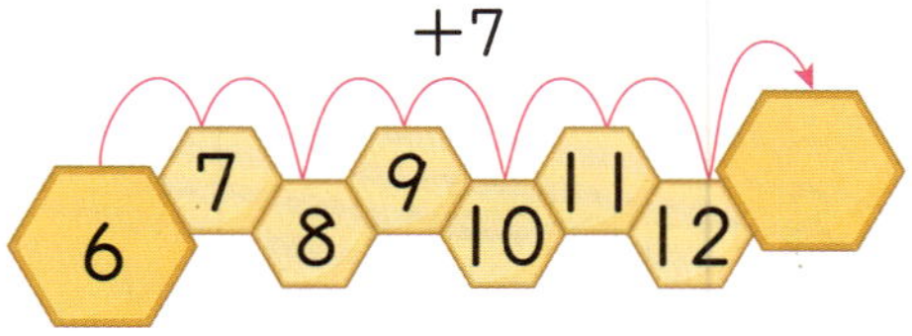
+7
6
7
8
9
10
11
12

6 + 7 = ☐

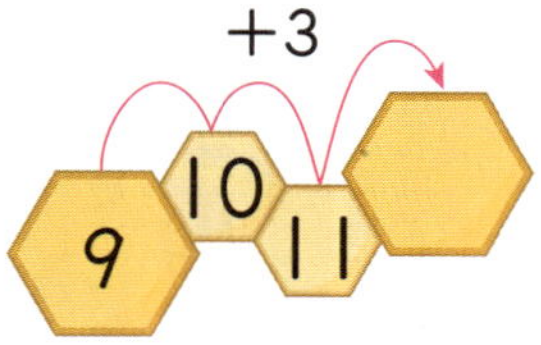
+3
9
10
11

9 + 3 = ☐

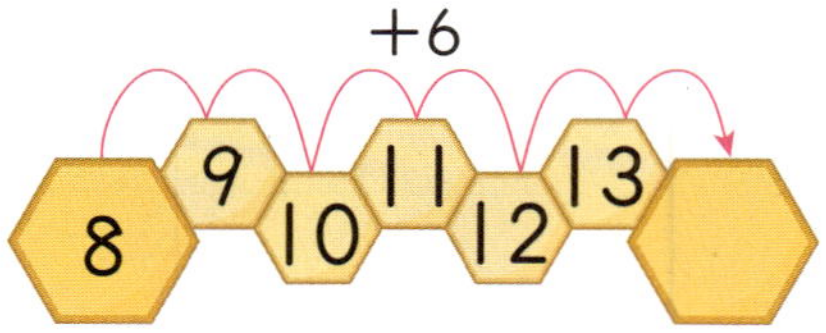
+6
8
9
10
11
12
13

8 + 6 = ☐

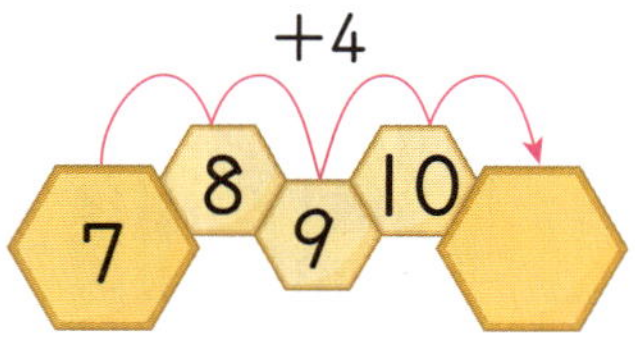
+4
7
8
9
10

7 + 4 = ☐

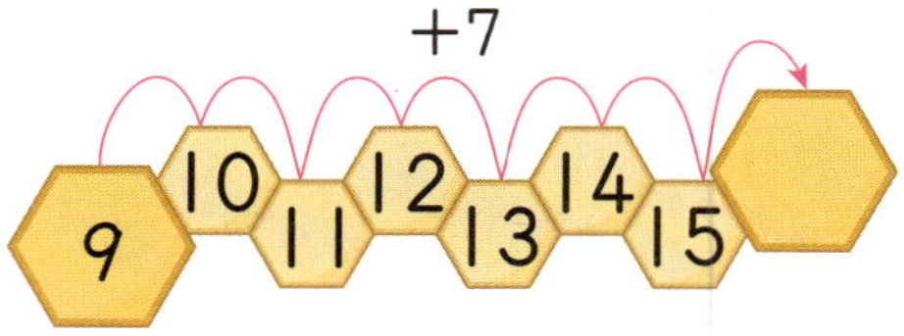
+7
9
10
11
12
13
14
15

9 + 7 = ☐

덧셈을 하세요.

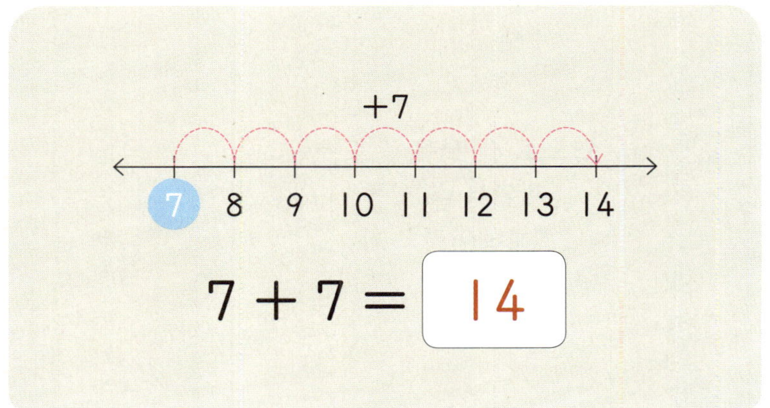

$3 + 8 = \boxed{}$

$8 + 8 = \boxed{}$

$6 + 6 = \boxed{}$

$5 + 9 = \boxed{}$

$5 + 6 = \boxed{}$

$8 + 9 = \boxed{}$

$8 + 5 = \boxed{}$

$7 + 8 = \boxed{}$

가로셈과 세로셈

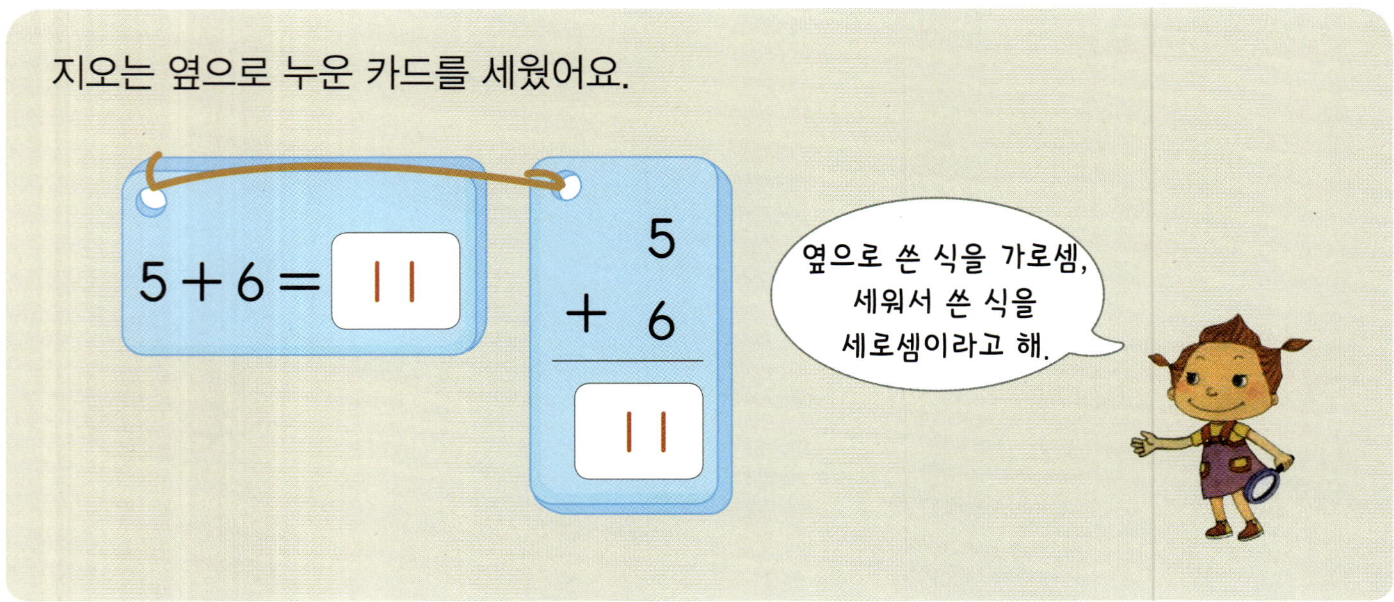

□ 안에 알맞은 수를 쓰세요.

$8 + 5 =$ ☐

$$\begin{array}{r} 8 \\ +\ 5 \\ \hline \end{array}$$

$9 + 2 =$ ☐

$$\begin{array}{r} 9 \\ +\ 2 \\ \hline \end{array}$$

$7 + 8 =$ ☐

$$\begin{array}{r} 7 \\ +\ 8 \\ \hline \end{array}$$

$6 + 6 =$ ☐

$$\begin{array}{r} 6 \\ +\ 6 \\ \hline \end{array}$$

덧셈을 하세요.

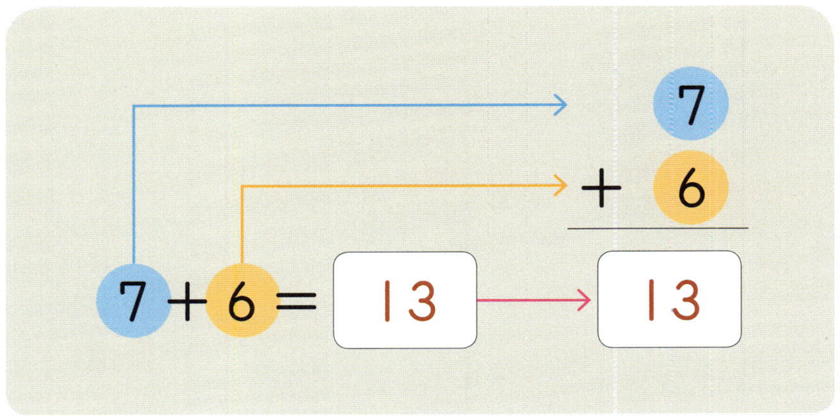

$5 + 9 =$ ☐

$$\begin{array}{r} 5 \\ +\ 9 \\ \hline \end{array}$$

$8 + 3 =$ ☐

$$\begin{array}{r} 8 \\ +\ 3 \\ \hline \end{array}$$

$9 + 9 =$ ☐

$$\begin{array}{r} 9 \\ +\ 9 \\ \hline \end{array}$$

$7 + 5 =$ ☐

$$\begin{array}{r} 7 \\ +\ 5 \\ \hline \end{array}$$

$4 + 8 =$ ☐

$$\begin{array}{r} 4 \\ +\ 8 \\ \hline \end{array}$$

$9 + 7 =$ ☐

$$\begin{array}{r} 9 \\ +\ 7 \\ \hline \end{array}$$

지오와 태경이는 바닥에 쓰러진 통나무를 세웠어요.

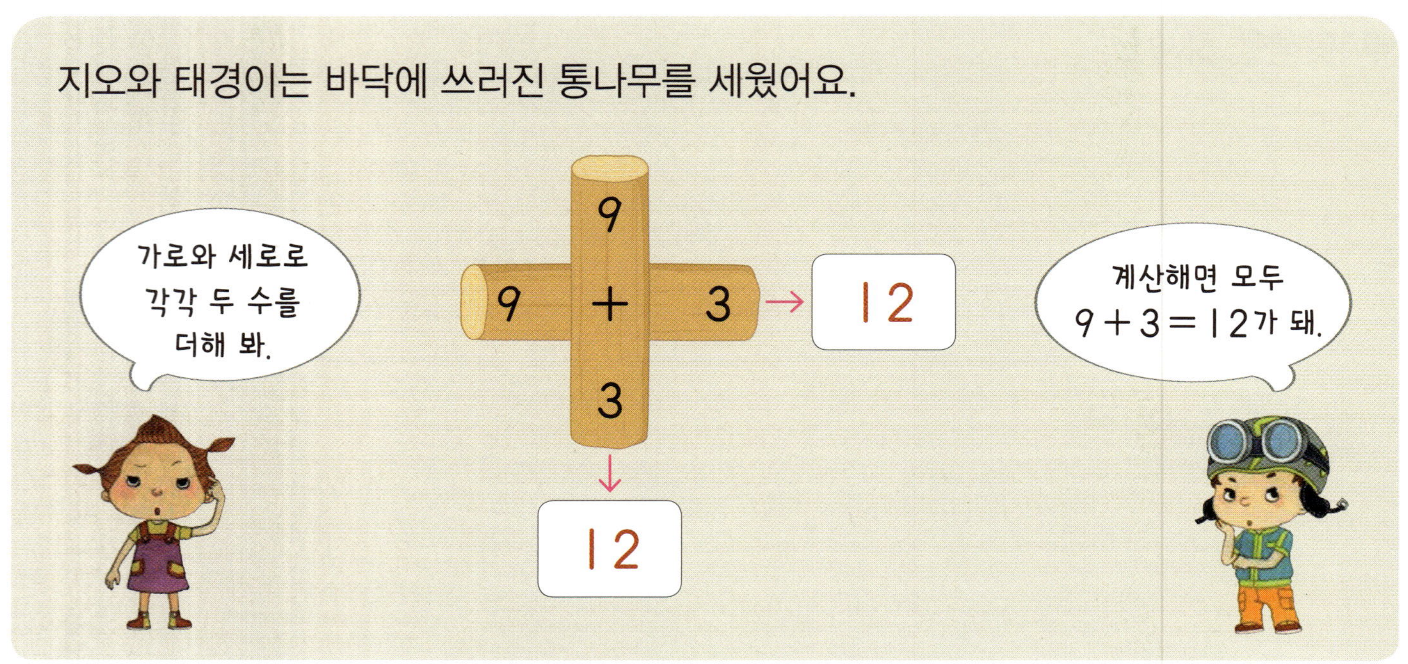

🌳 가로와 세로로 각각 두 수를 더해 ⬜ 안에 쓰세요.

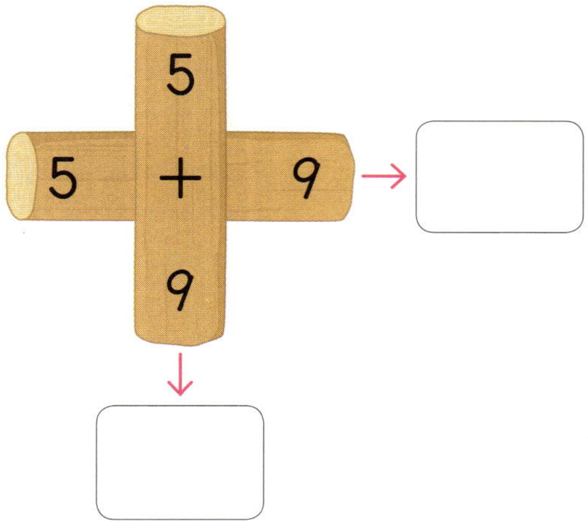

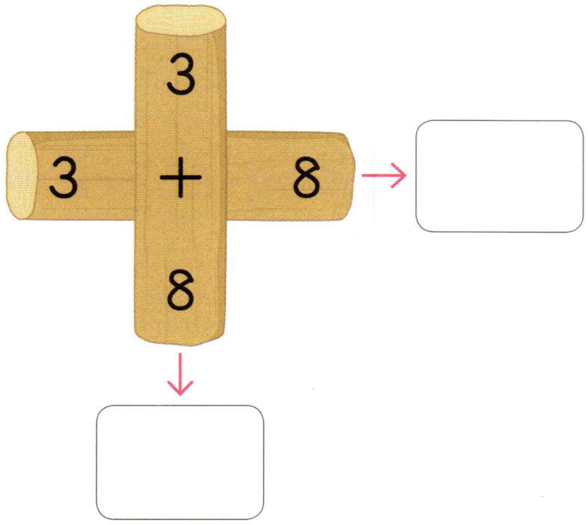

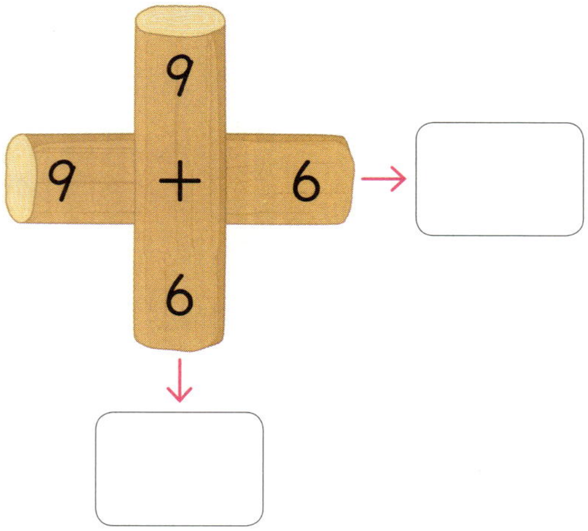

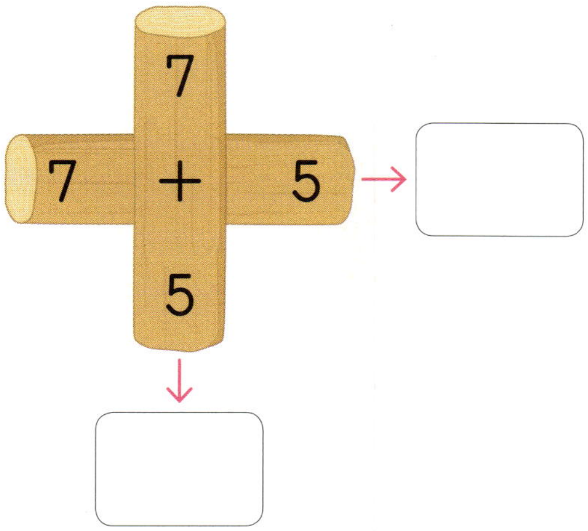

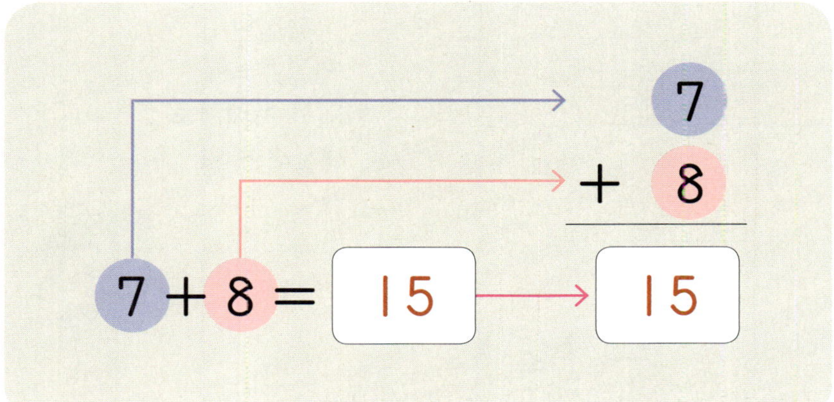

$$9 + 4$$

$$6 + 8$$

$$6 + 7$$

$$7 + 9$$

$$8 + 4$$

$$5 + 6$$

$$6 + 6$$

$$8 + 9$$

$$7 + 8$$

184 □ 가 있는 더하기

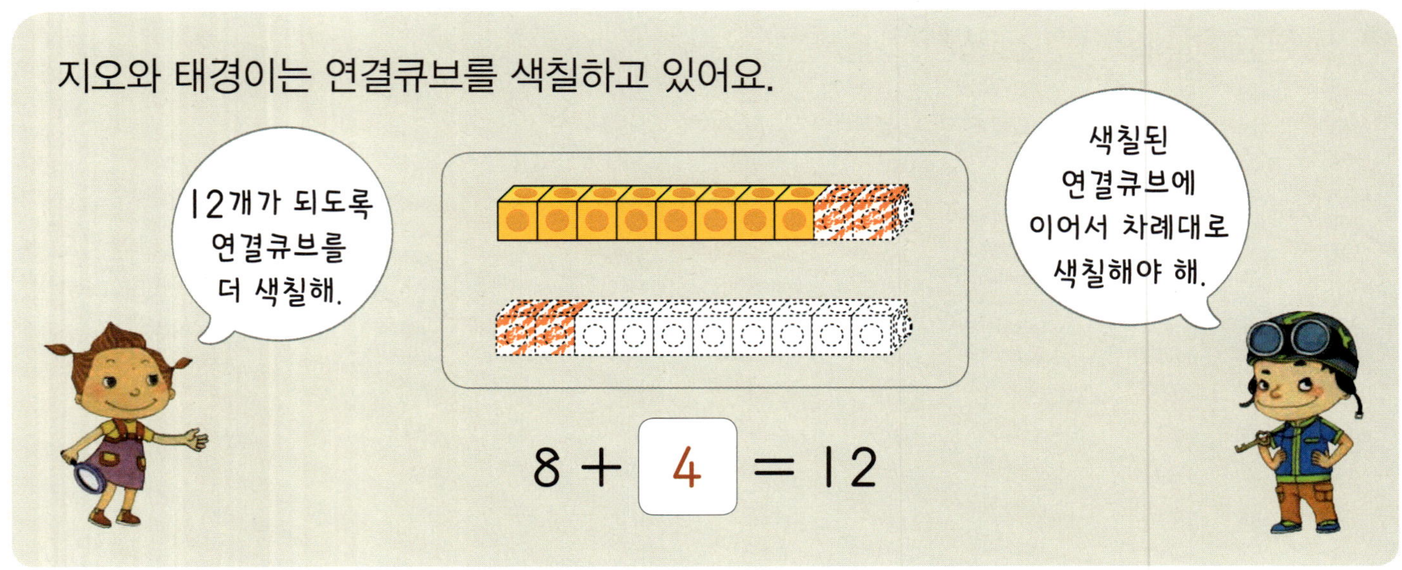

🌳 덧셈식의 결과만큼 되도록 연결큐브를 색칠하고 □ 안에 알맞은 수를 쓰세요.

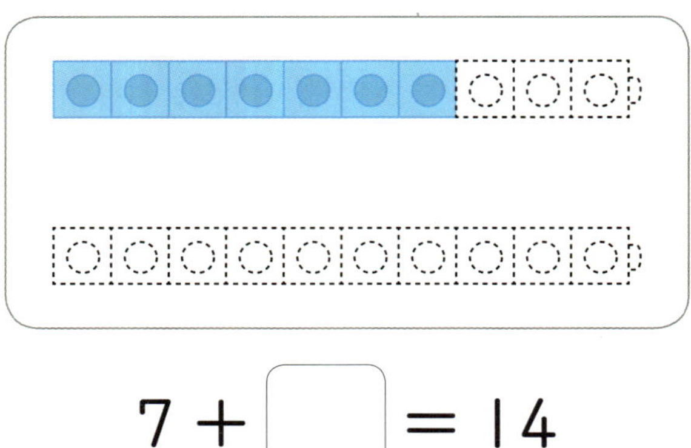

7 + ☐ = 14

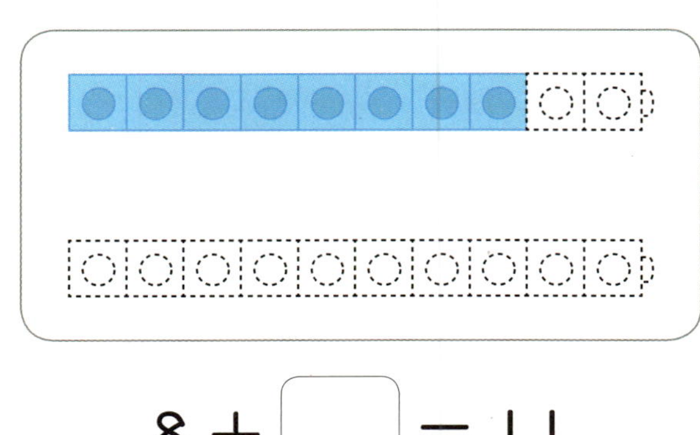

8 + ☐ = 11

5 + ☐ = 13

9 + ☐ = 17

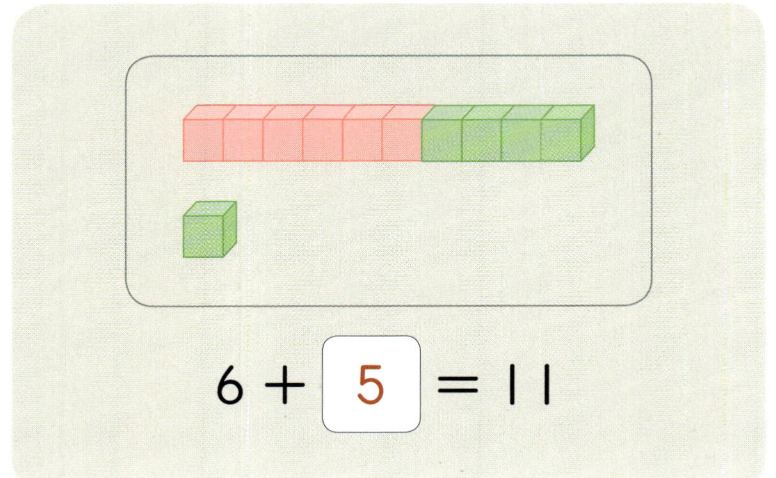

$$6 + \boxed{5} = 11$$

$$7 + \boxed{} = 12 \qquad 6 + \boxed{} = 14$$

$$9 + \boxed{} = 16 \qquad 7 + \boxed{} = 11$$

$$8 + \boxed{} = 15 \qquad 9 + \boxed{} = 18$$

$$5 + \boxed{} = 14 \qquad 7 + \boxed{} = 13$$

지오는 연잎에 적힌 수를 발견했어요.

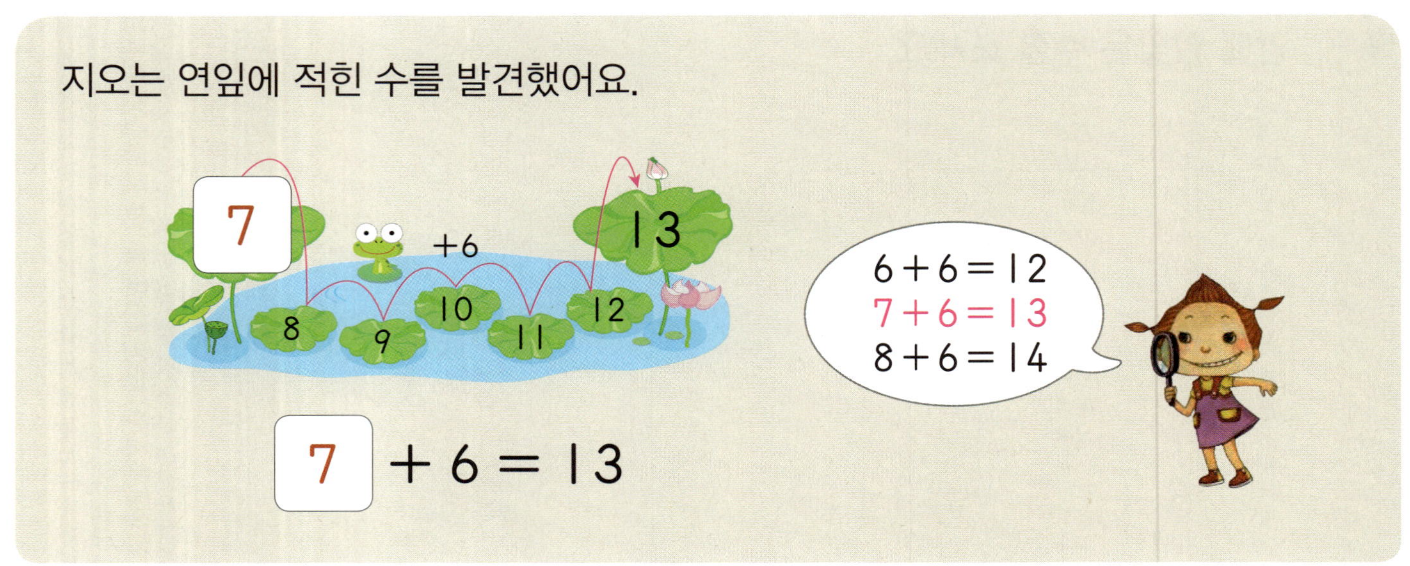

🌱 ⬜ 안에 알맞은 수를 쓰세요.

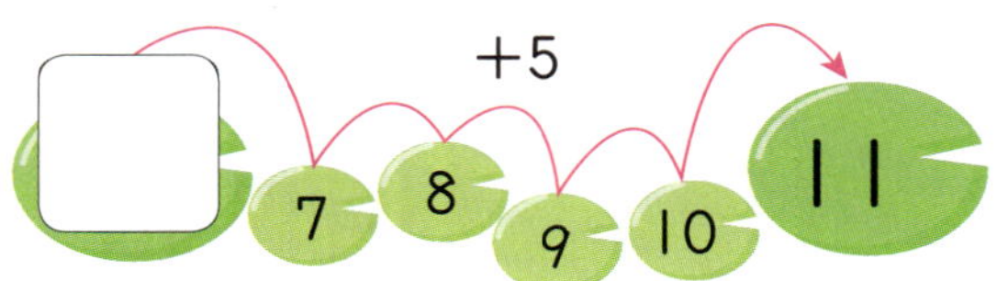

$$\boxed{} + 5 = 11$$

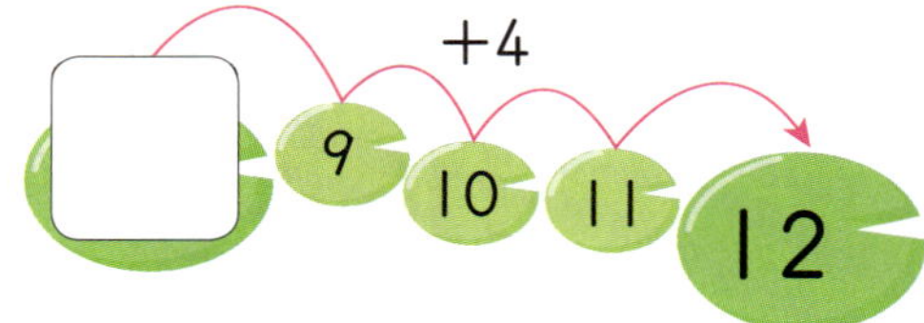

$$\boxed{} + 4 = 12$$

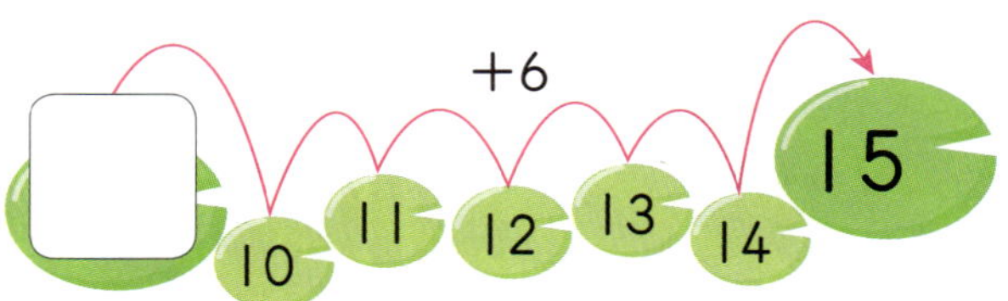

$$\boxed{} + 6 = 15$$

$$\boxed{} + 7 = 11$$

● ☐ 안에 알맞은 수를 쓰세요.

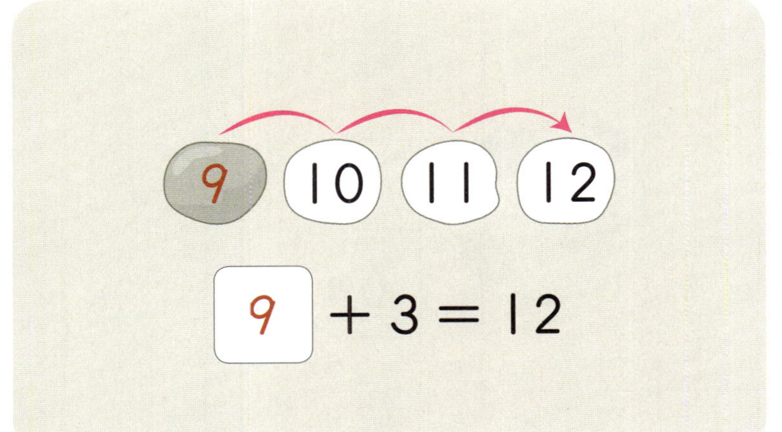

☐ + 8 = 11

☐ + 7 = 15

☐ + 9 = 16

☐ + 8 = 14

☐ + 9 = 17

☐ + 7 = 13

☐ + 5 = 12

☐ + 9 = 18

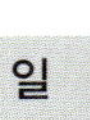

두 수의 합

● 각각 손에 들고 있는 장난감을 더하면 얼마인지 ☐ 안에 쓰세요.

🌱 **덧셈을 하세요.**

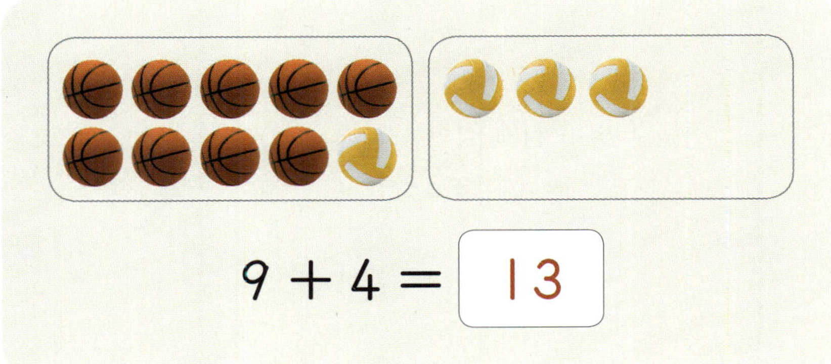

$$9 + 4 = \boxed{13}$$

$7 + 8 = \boxed{}$

$6 + 5 = \boxed{}$

$3 + 9 = \boxed{}$

$8 + 8 = \boxed{}$

$5 + 8 = \boxed{}$

$7 + 5 = \boxed{}$

$8 + 3 = \boxed{}$

$9 + 5 = \boxed{}$

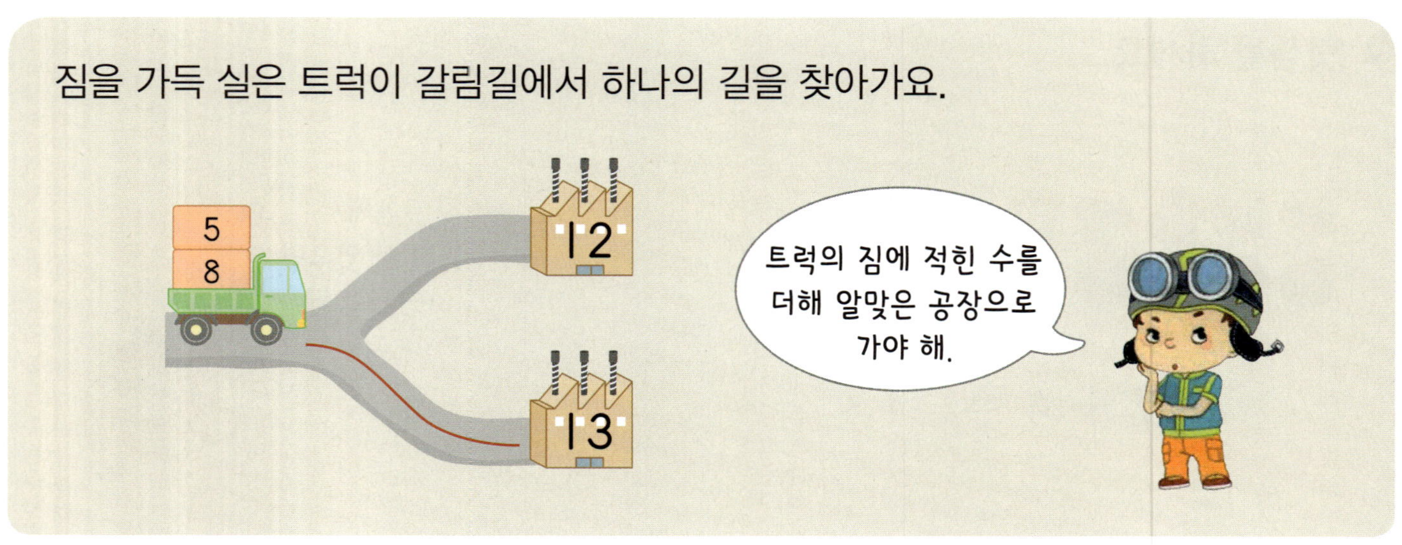

🌳 두 수를 더한 수를 찾아 선을 그으세요.

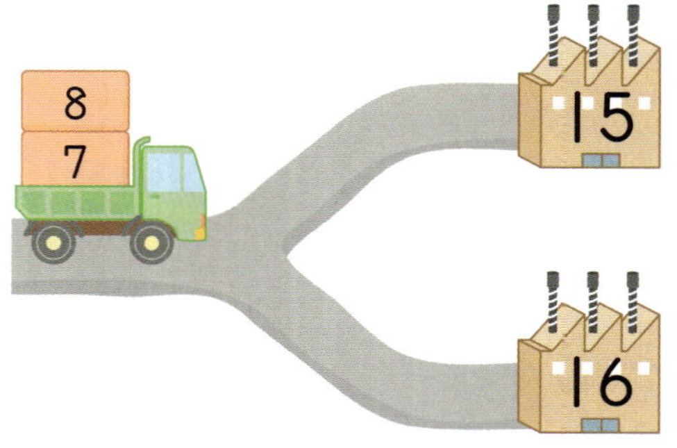

🌳 **덧셈을 하세요.**

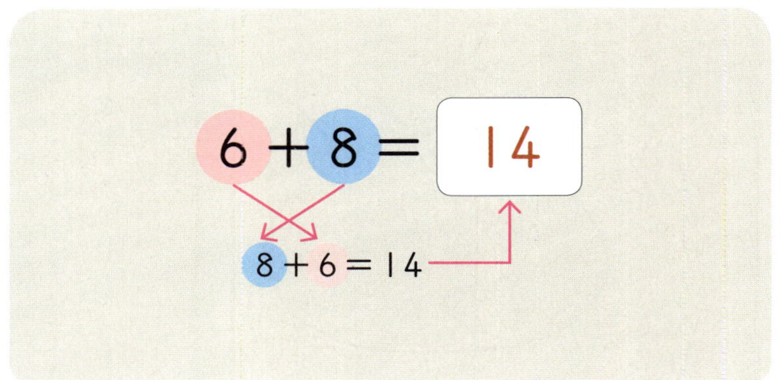

$$8 + 4 = \boxed{}$$

$$6 + 9 = \boxed{}$$

$$7 + 6 = \boxed{}$$

$$9 + 2 = \boxed{}$$

$$5 + 7 = \boxed{}$$

$$8 + 9 = \boxed{}$$

$$9 + 7 = \boxed{}$$

$$6 + 8 = \boxed{}$$

🌲 구슬을 모두 세어 덧셈을 하세요.

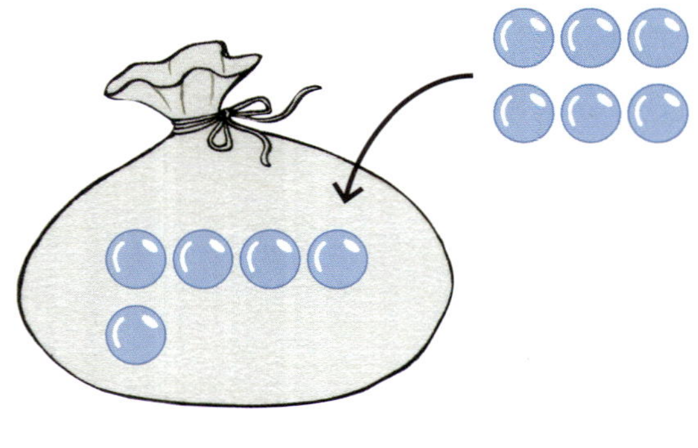

$$5 + 6 = \boxed{}$$

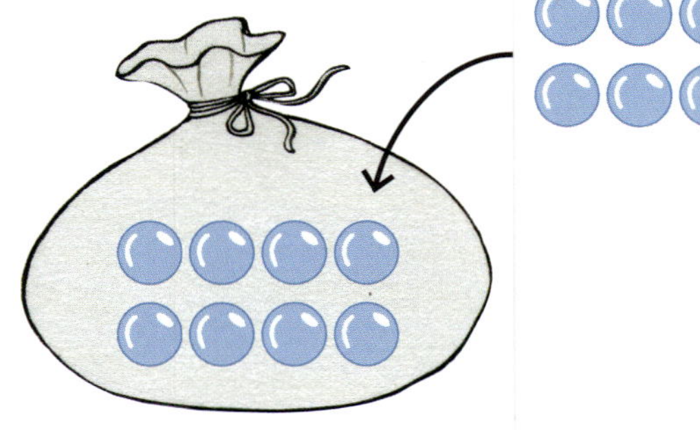

$$8 + 7 = \boxed{}$$

🌲 빈 곳에 알맞은 수를 쓰고 덧셈을 하세요.

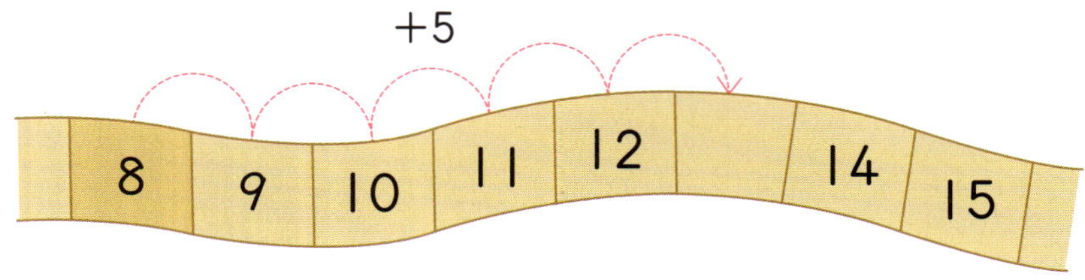

$$8 + 5 = \boxed{}$$

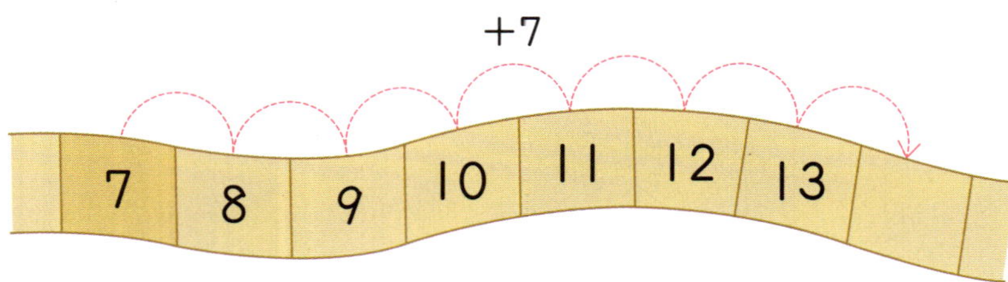

$$7 + 7 = \boxed{}$$

🌲 덧셈을 하세요.

$$
\begin{array}{r}
7 \\
+\ 4 \\
\hline
\boxed{}
\end{array}
\qquad
\begin{array}{r}
8 \\
+\ 9 \\
\hline
\boxed{}
\end{array}
$$

$$7 + 4 = \boxed{} \qquad 8 + 9 = \boxed{}$$

🌲 덧셈식의 결과만큼 되도록 연결큐브를 색칠하고 ☐ 안에 알맞은 수를 쓰세요.

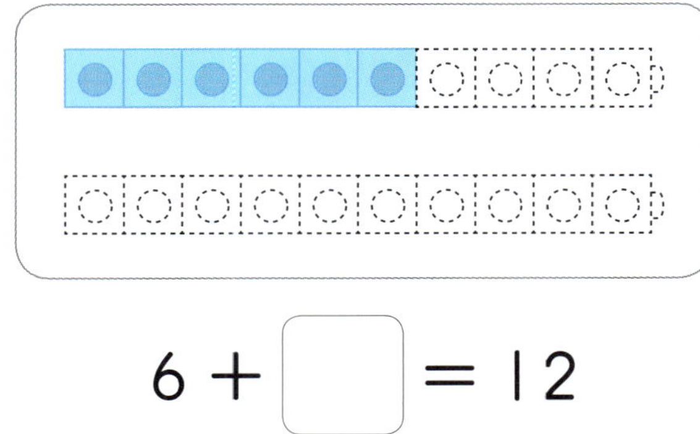

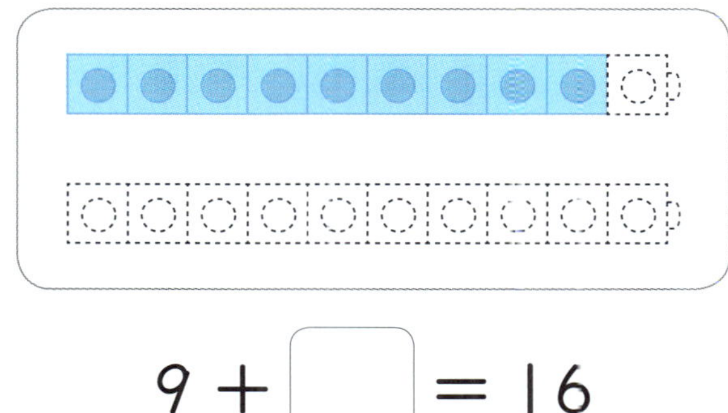

$$6 + \boxed{} = 12 \qquad 9 + \boxed{} = 16$$

🌲 ☐ 안에 알맞은 수를 쓰세요.

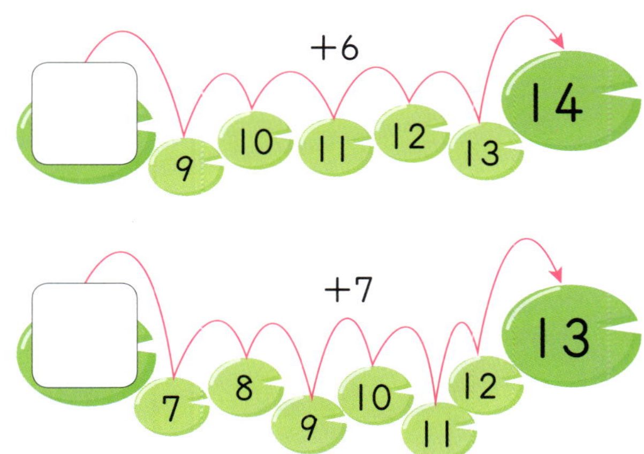

$$\boxed{} + 6 = 14$$

$$\boxed{} + 7 = 13$$

🌲 두 수를 더한 수를 찾아 선을 그으세요.

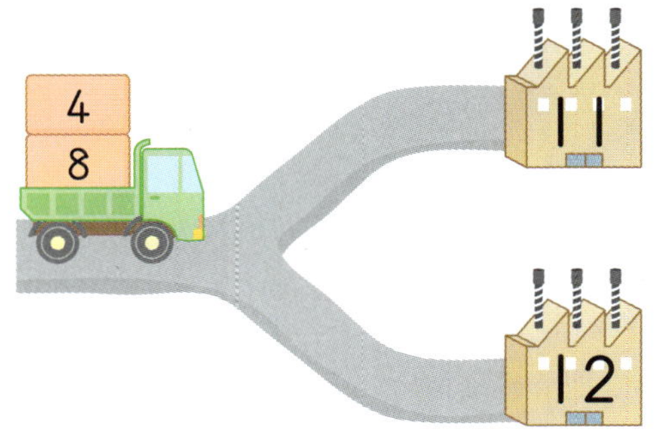

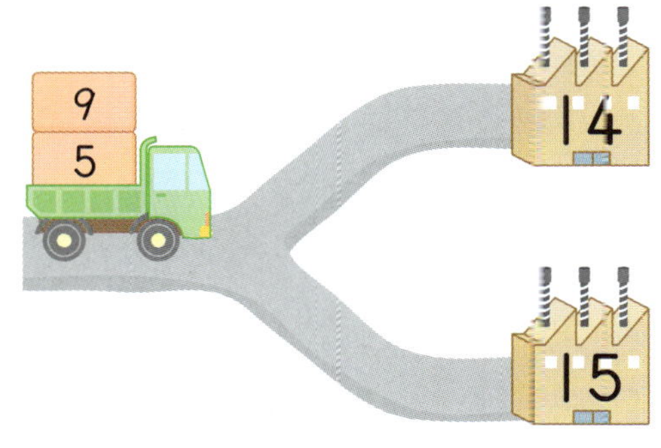

연산력 게임

QR코드를 찍으면 다양한 연산 게임을 할 수 있어요.

우리는 완두콩 가족

빈 곳에 들어갈 완두콩은 무엇일까요?

아래쪽에서 알맞은 수를 찾아 손가락으로 끌어서 빈 곳에 넣으세요.
13을 넣으면 정답입니다.

자판기에서 어느 버튼을 눌러야 할까요?

물통과 컵에 적힌 수를 보고 자판기에서 알맞은 버튼을 찾아 손가락으로 누르세요. +6 버튼을 누르면 정답입니다.

신기한 덧셈 자판기

10을 이용한 더하기 (1)

▶ 연산 보충 학습(104~105쪽)에서 더 풀어 보세요.

학부모 지도 가이드

이번 차시에서는 10을 이용한 여러 가지 방법으로 덧셈을 공부합니다. 10을 만들어 세 수를 더하는 연습으로 계산이 익숙해지면 실생활 속의 그림을 이용하여 뒤의 수 또는 앞의 수를 갈라 10을 만들어 보면서 두 수의 덧셈을 쉽게 할 수 있도록 지도해 주세요.

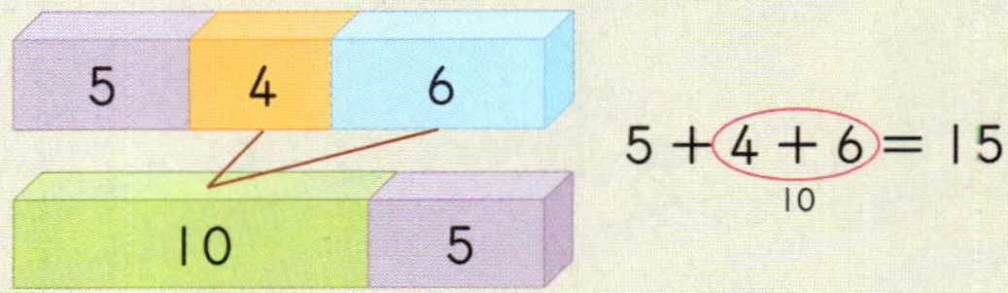

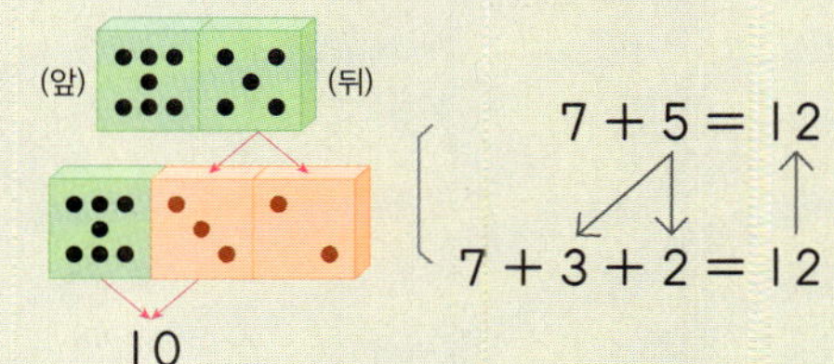

10 만들어 세 수 더하기

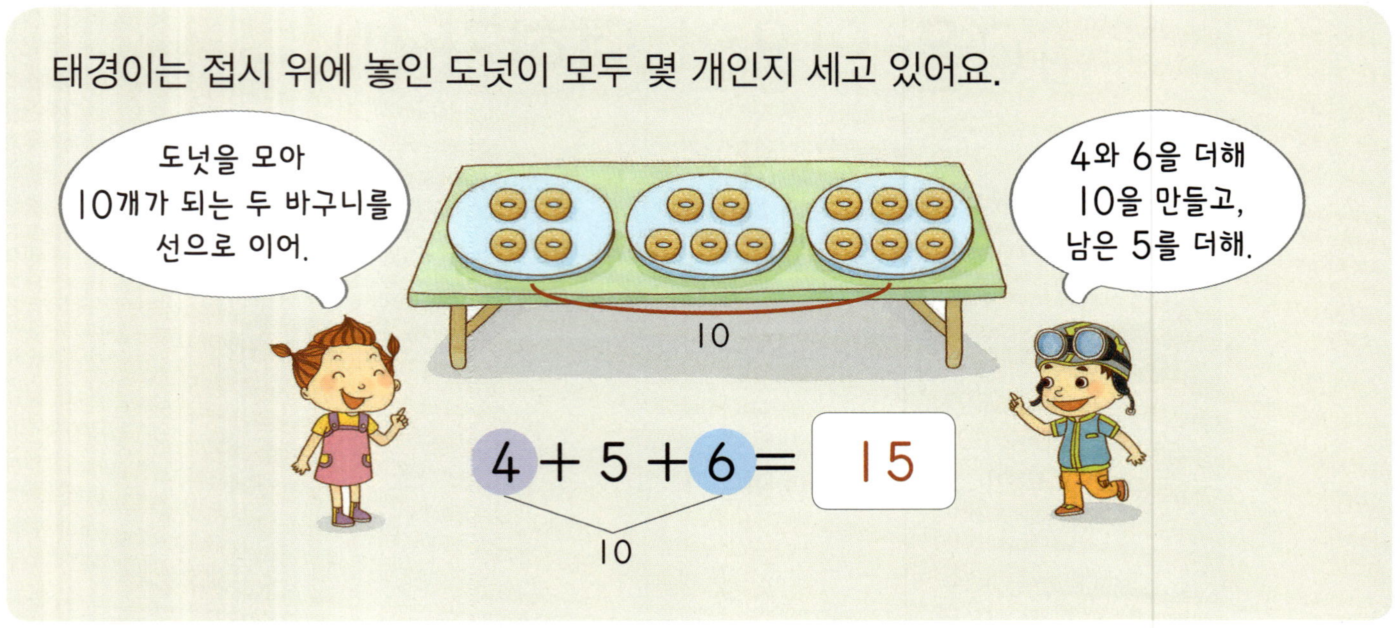

🌱 모아서 10개가 되는 두 묶음을 선으로 잇고 덧셈을 하세요.

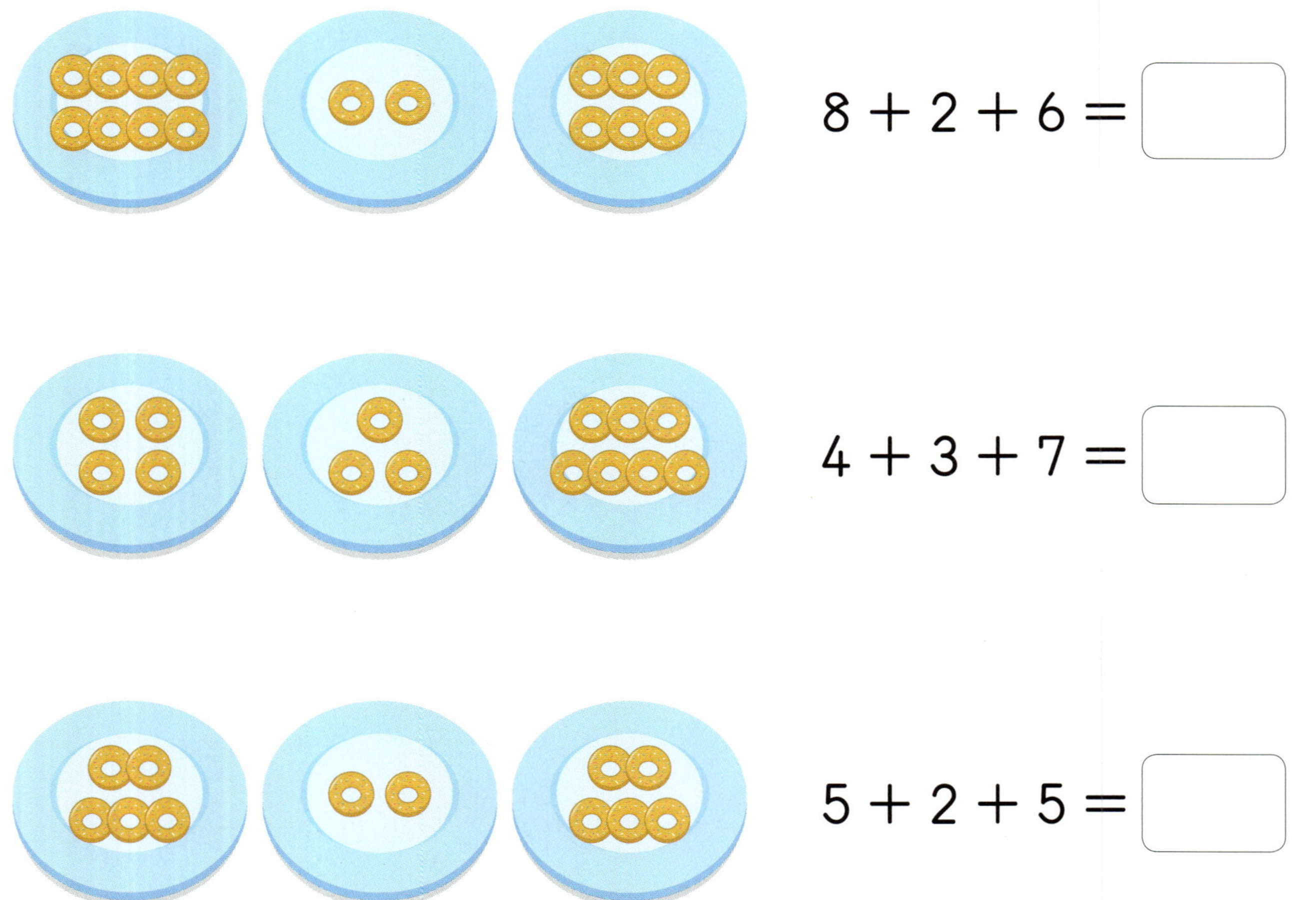

$8 + 2 + 6 =$

$4 + 3 + 7 =$

$5 + 2 + 5 =$

🌲 ☐ 안에 알맞은 수를 쓰세요.

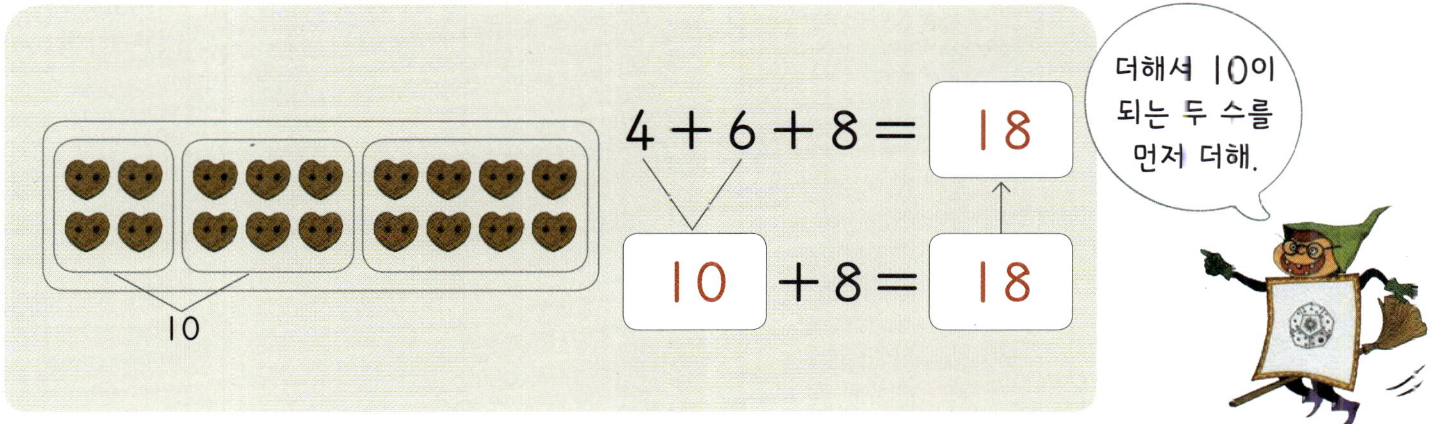

$4 + 6 + 8 =$ ☐18☐

☐10☐ $+ 8 =$ ☐18☐

10

$1 + 9 + 4 =$ ☐

☐ $+ 4 =$ ☐

$5 + 5 + 3 =$ ☐

☐ $+ 3 =$ ☐

$5 + 2 + 8 =$ ☐

$5 +$ ☐ $=$ ☐

$1 + 7 + 3 =$ ☐

$1 +$ ☐ $=$ ☐

$6 + 2 + 4 =$ ☐

☐ $+ 2 =$ ☐

$9 + 6 + 1 =$ ☐

☐ $+ 6 =$ ☐

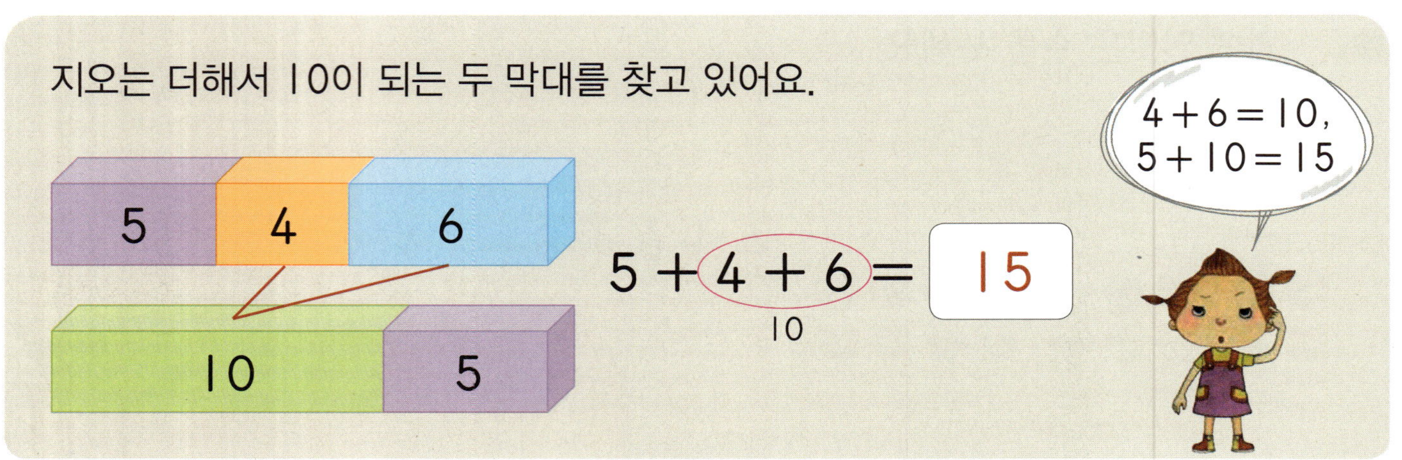

🌳 더해서 10이 되는 두 막대를 찾아 10 막대와 선으로 잇고 덧셈을 하세요.

$$3 + 4 + 7 = \boxed{}$$

$$9 + 1 + 6 = \boxed{}$$

$$7 + 5 + 5 = \boxed{}$$

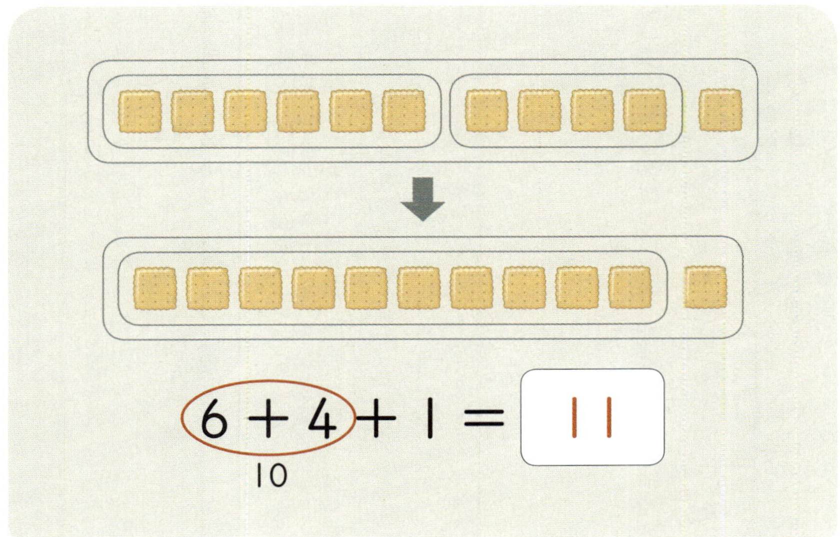

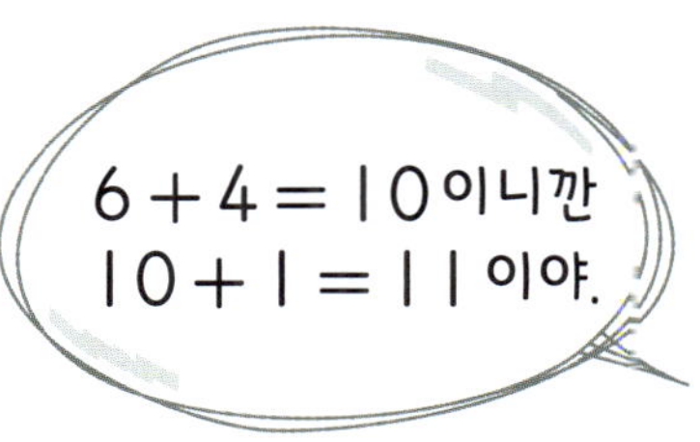

$9 + 1 + 3 =$ ☐

$7 + 6 + 3 =$ ☐

$9 + 8 + 2 =$ ☐

$5 + 8 + 5 =$ ☐

$2 + 4 + 6 =$ ☐

$3 + 7 + 5 =$ ☐

$2 + 1 + 8 =$ ☐

$4 + 5 + 5 =$ ☐

187 뒤의 수를 갈라 10 만들기

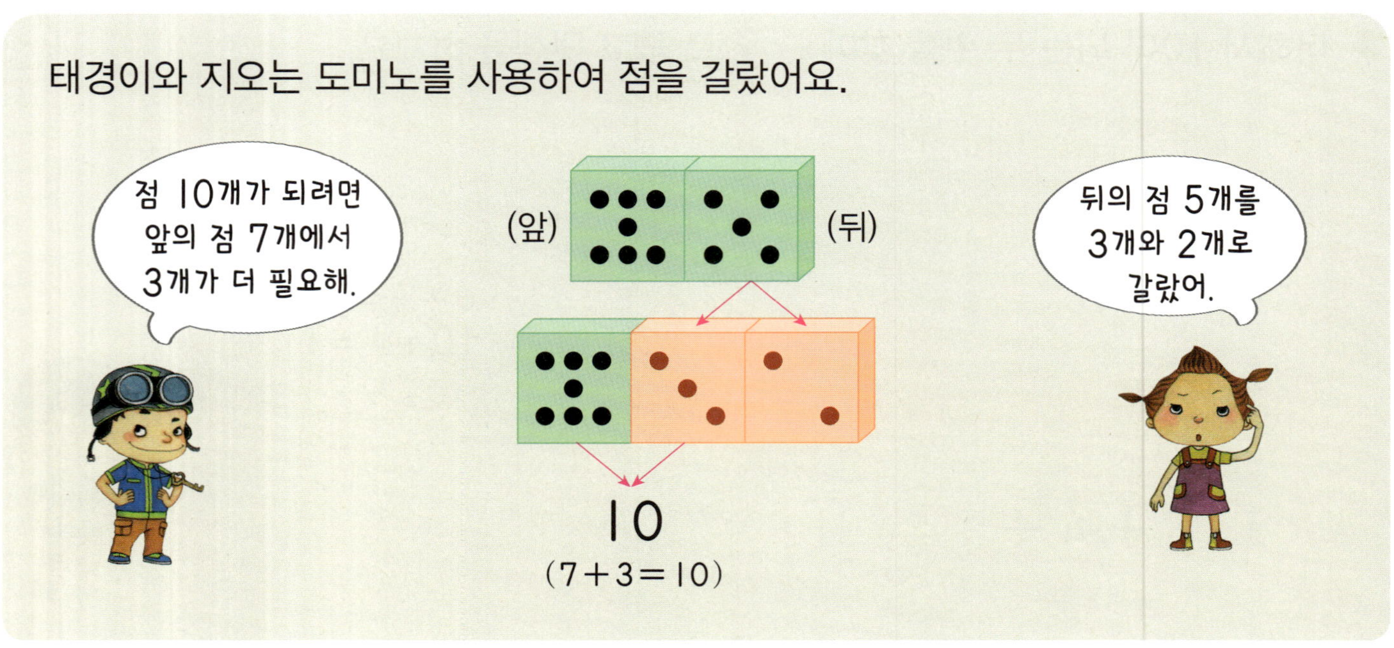

🌳 뒤의 점을 갈라 빈 곳에 알맞게 점을 그리세요.

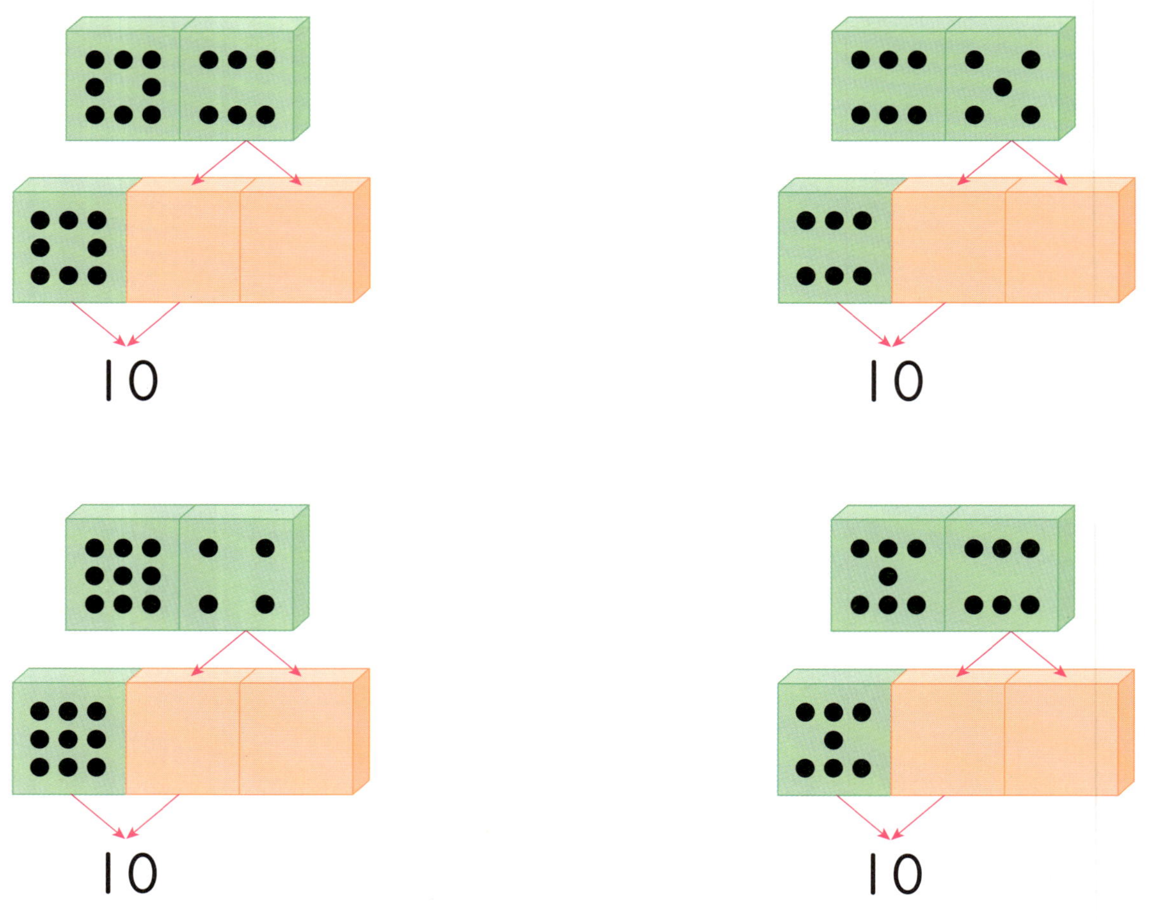

🌳 뒤의 그림을 갈라 빈 곳에 알맞게 ◯를 그리세요.

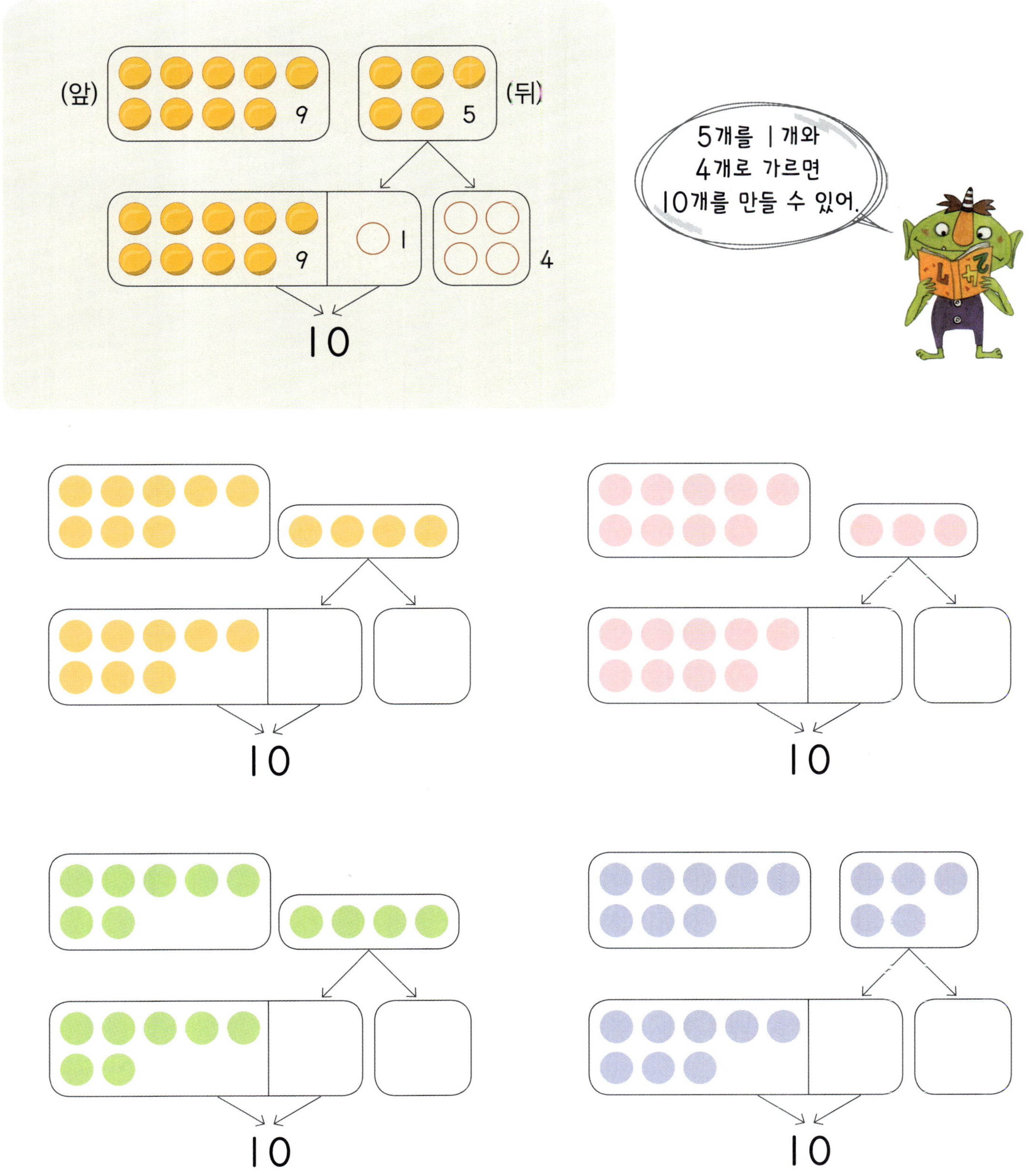

태경이는 10이 되도록 뒤의 막대를 갈랐어요.

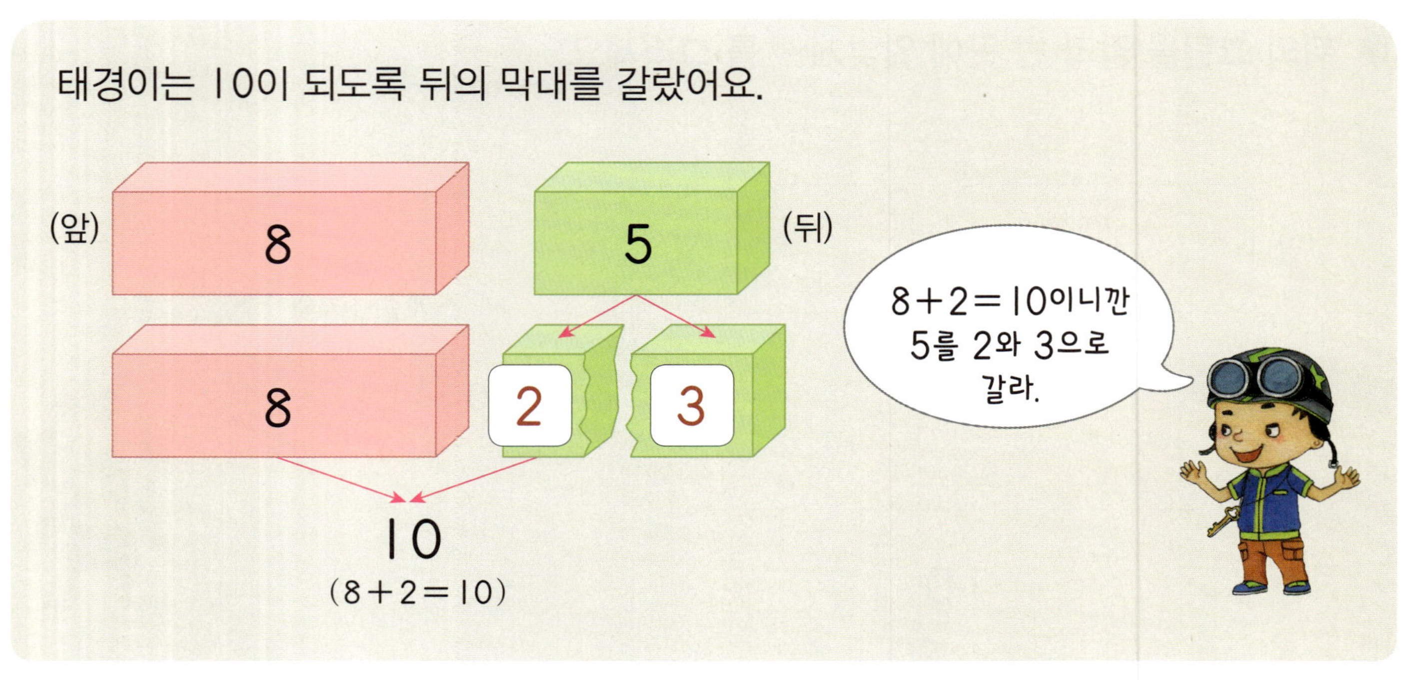

🌳 뒤의 막대를 갈라 ⬜ 안에 알맞은 수를 쓰세요.

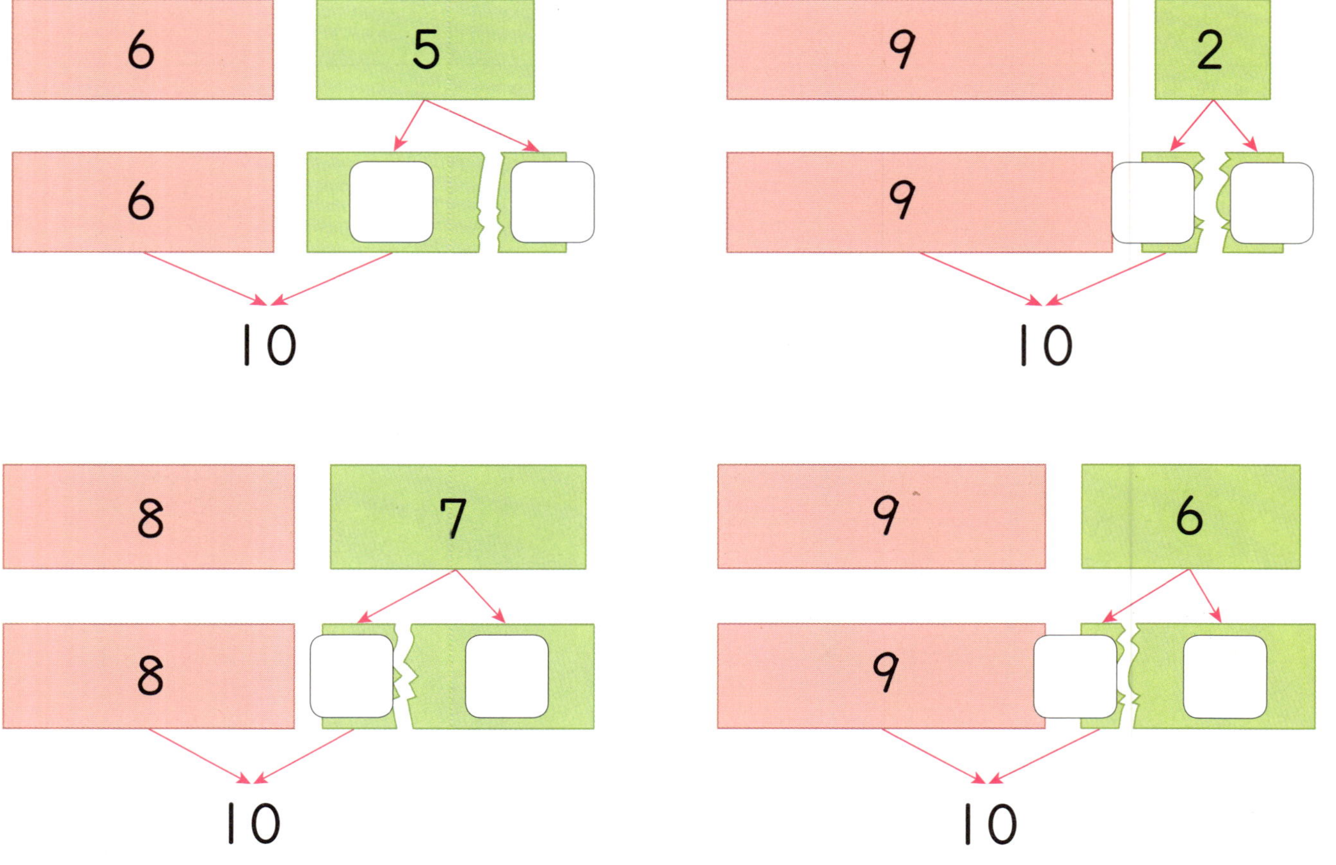

● 뒤의 수를 갈라 빈칸에 알맞은 수를 쓰세요.

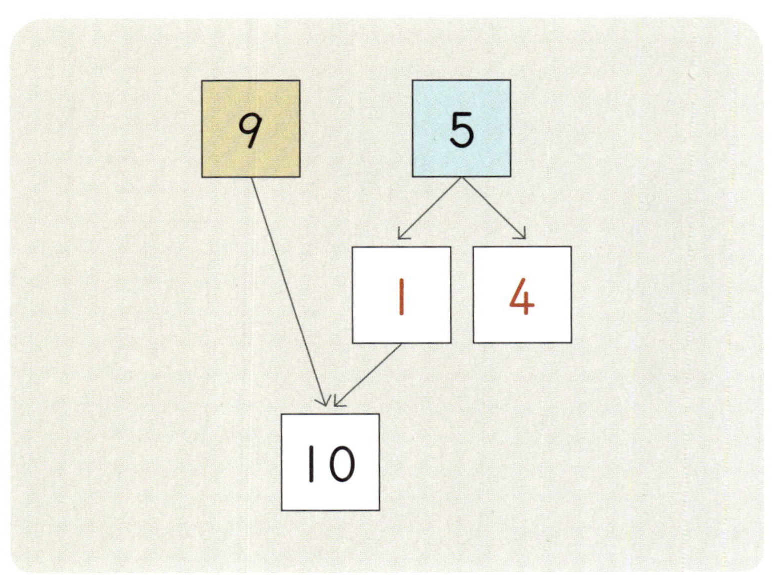

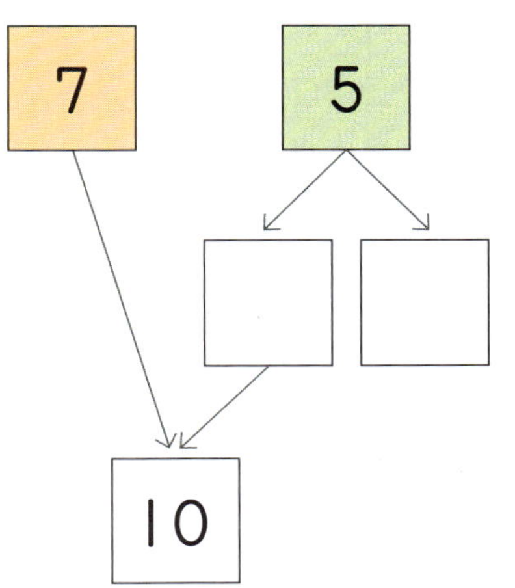

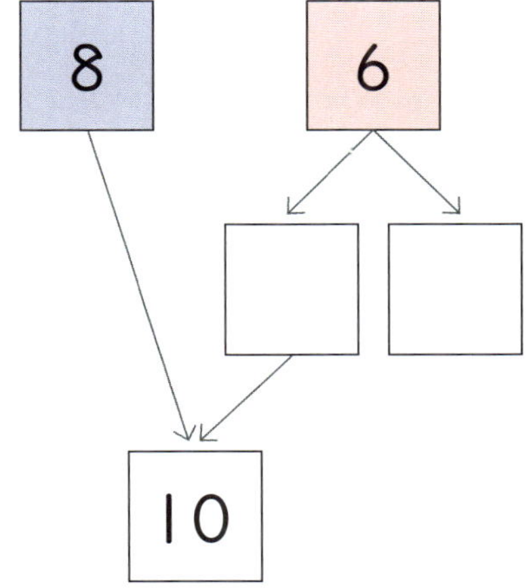

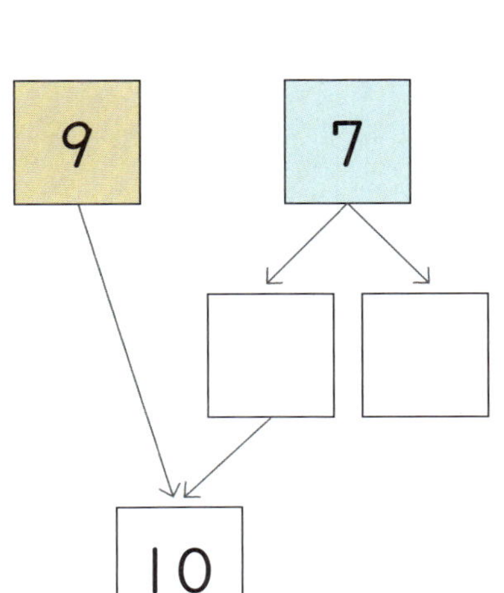

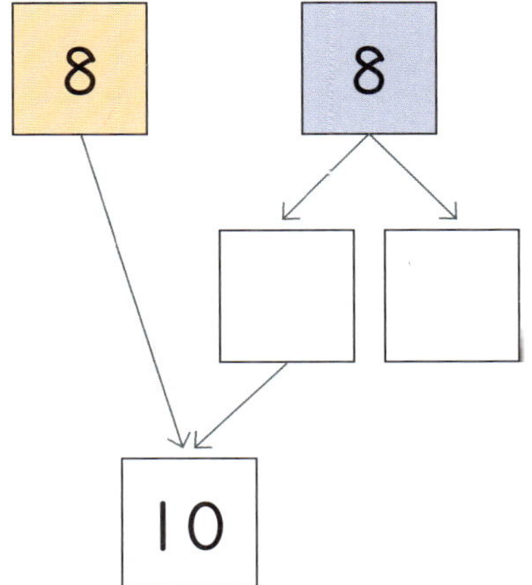

188 10 만들어 더하기 (1)

태경이는 구슬의 수가 모두 몇 개인지 궁금해졌어요.

8 + 4 = 12

8 + 2 + 2 = 12

10

그림을 보고 덧셈을 하세요.

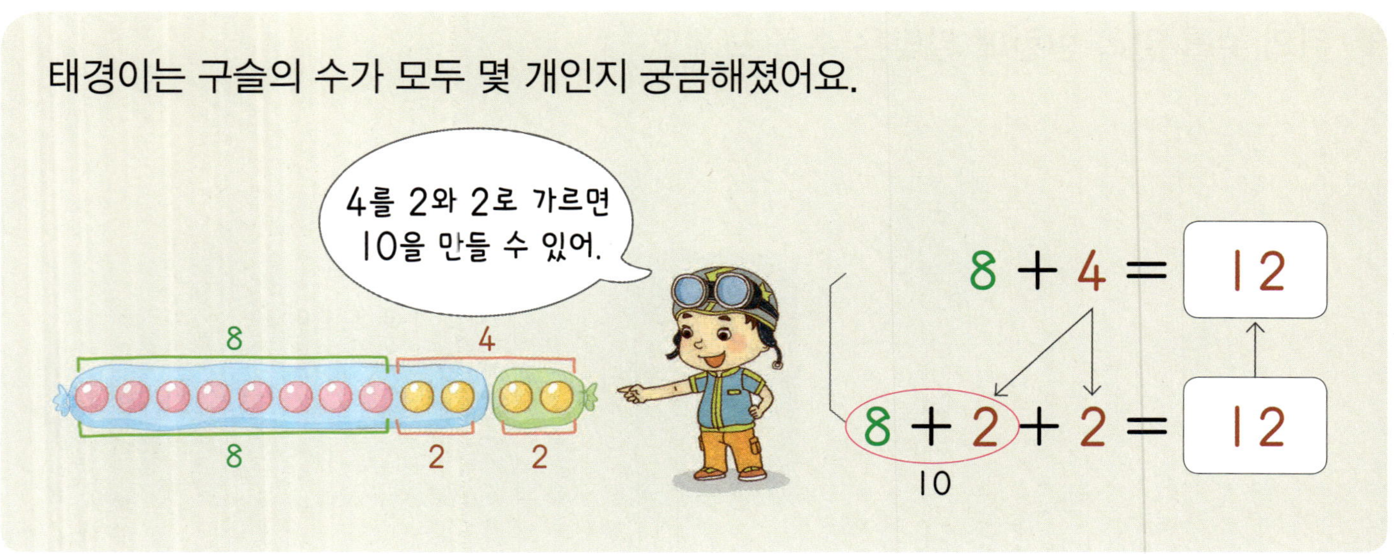

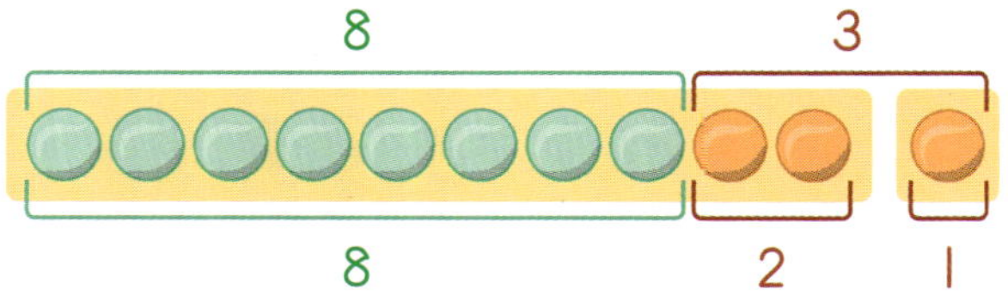

8 + 3 = ☐

8 + 2 + 1 = ☐

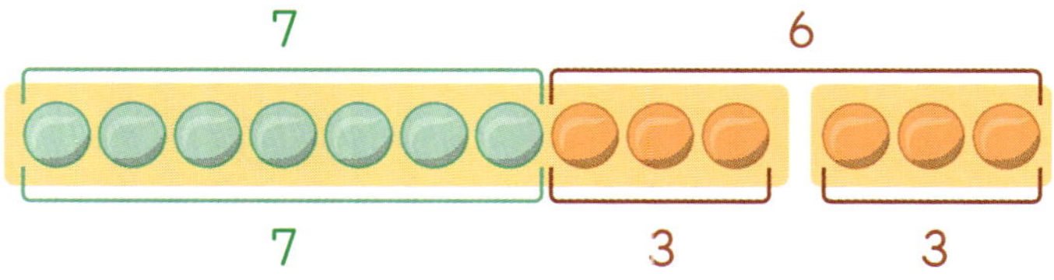

7 + 6 = ☐

7 + 3 + 3 = ☐

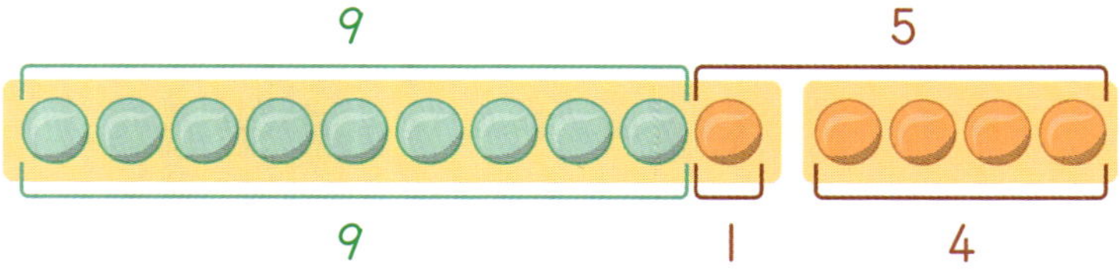

9 + 5 = ☐

9 + 1 + 4 = ☐

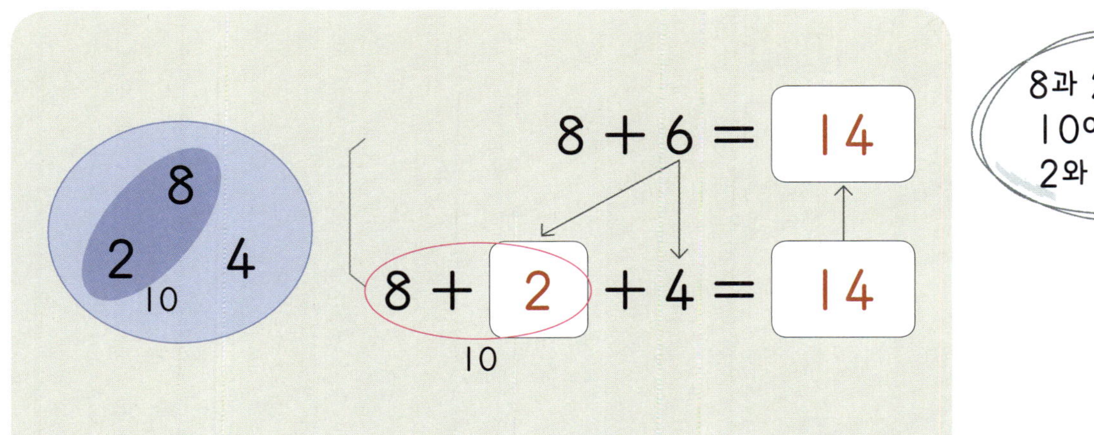

$$8 + 6 = \boxed{14}$$
$$8 + \boxed{2} + 4 = \boxed{14}$$
10

$$9 + 2 = \boxed{}$$
$$9 + \boxed{} + 1 = \boxed{}$$

$$8 + 5 = \boxed{}$$
$$8 + \boxed{} + 3 = \boxed{}$$

$$7 + 7 = \boxed{}$$
$$7 + \boxed{} + 4 = \boxed{}$$

$$9 + 3 = \boxed{}$$
$$9 + \boxed{} + 2 = \boxed{}$$

$$6 + 5 = \boxed{}$$
$$6 + \boxed{} + 1 = \boxed{}$$

$$9 + 6 = \boxed{}$$
$$9 + \boxed{} + 5 = \boxed{}$$

지오는 10이 되도록 기차의 한 칸을 갈랐어요.

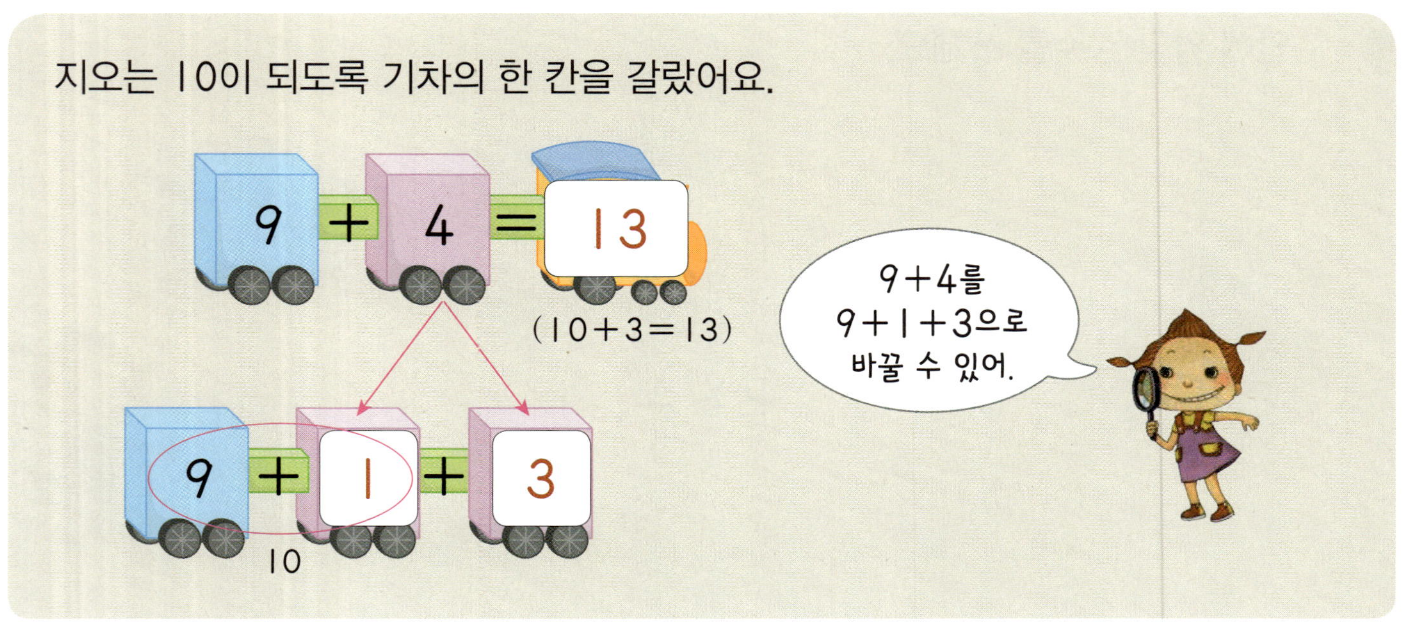

🌳 앞의 수와 더해 10이 되도록 뒤의 수를 가른 다음 덧셈을 하세요.

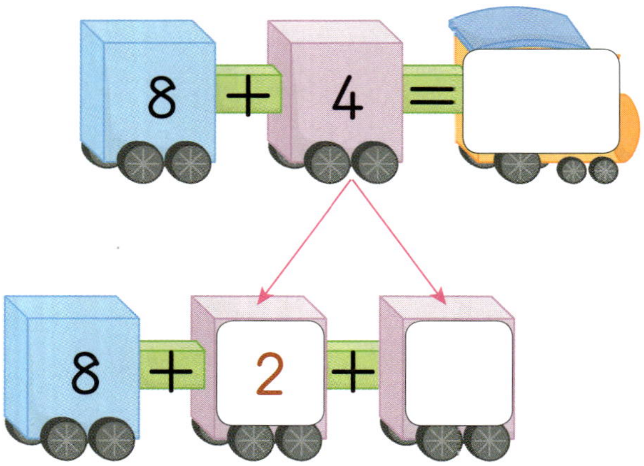

8 + 4 =

8 + 2 +

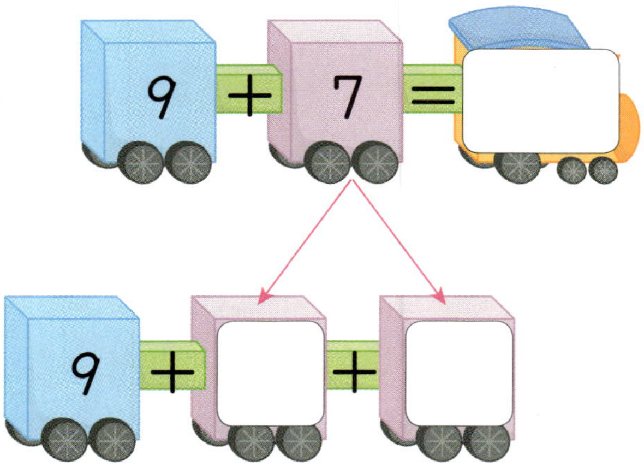

9 + 7 =

9 + +

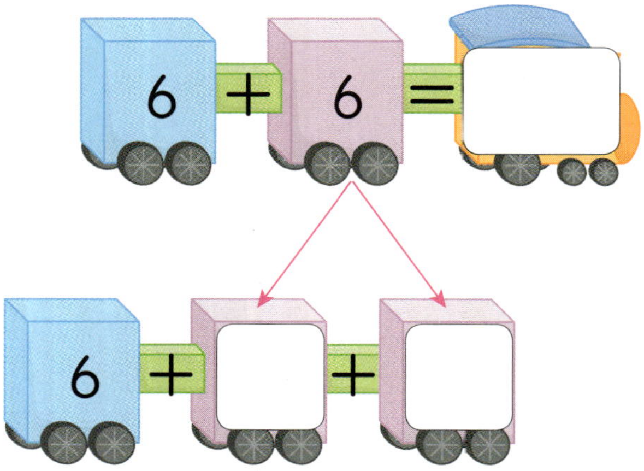

6 + 6 =

6 + +

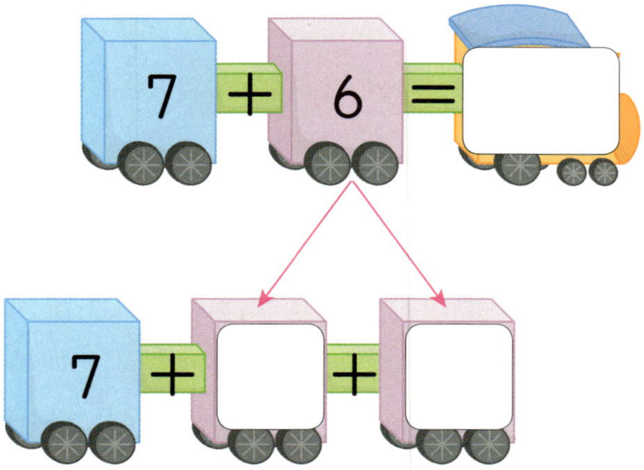

7 + 6 =

7 + +

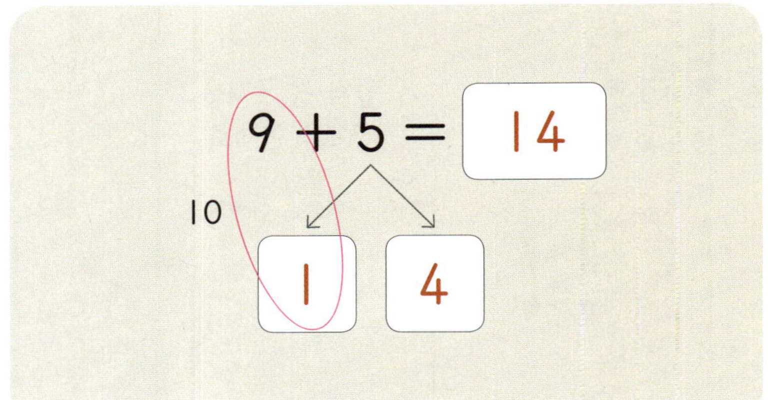

$8 + 6 =$ [ ]

2   [ ]

$6 + 5 =$ [ ]

[ ]   [ ]

$9 + 6 =$ [ ]

[ ]   [ ]

$8 + 7 =$ [ ]

[ ]   [ ]

$7 + 5 =$ [ ]

[ ]   [ ]

$9 + 9 =$ [ ]

[ ]   [ ]

앞의 수를 갈라 10 만들기

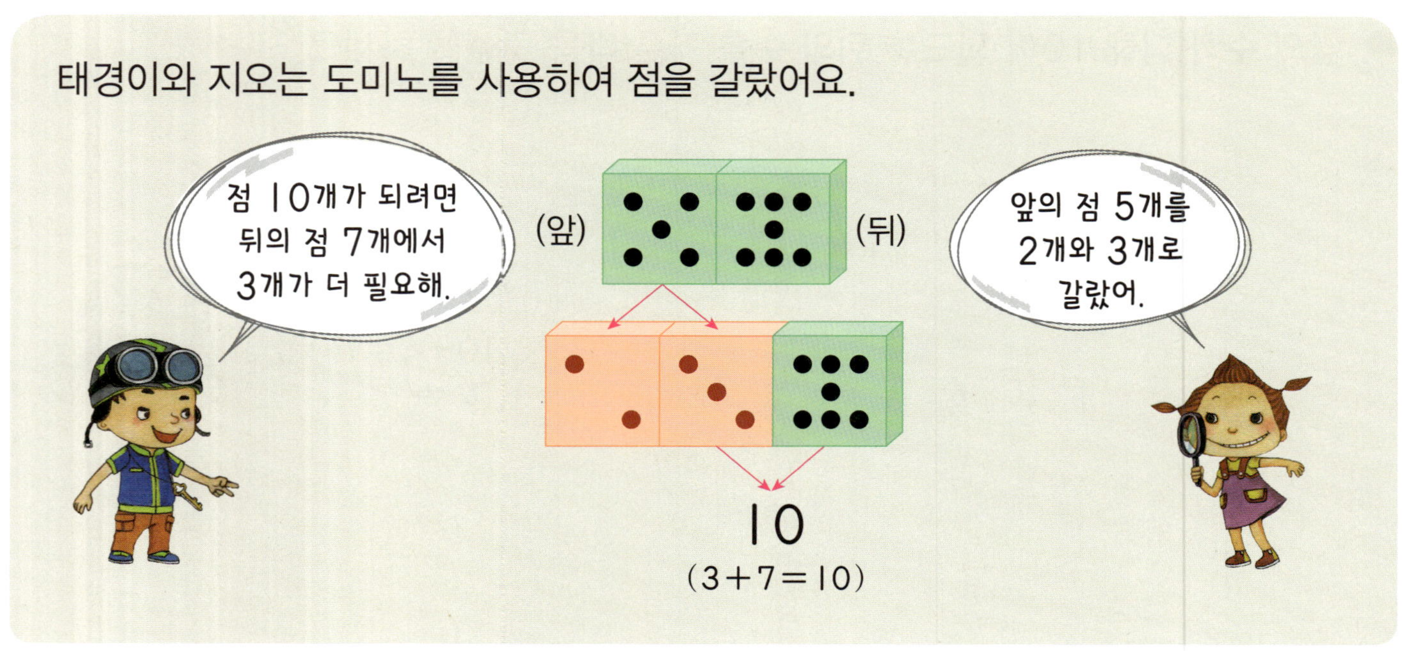

🌳 앞의 점을 갈라 빈 곳에 알맞게 점을 그리세요.

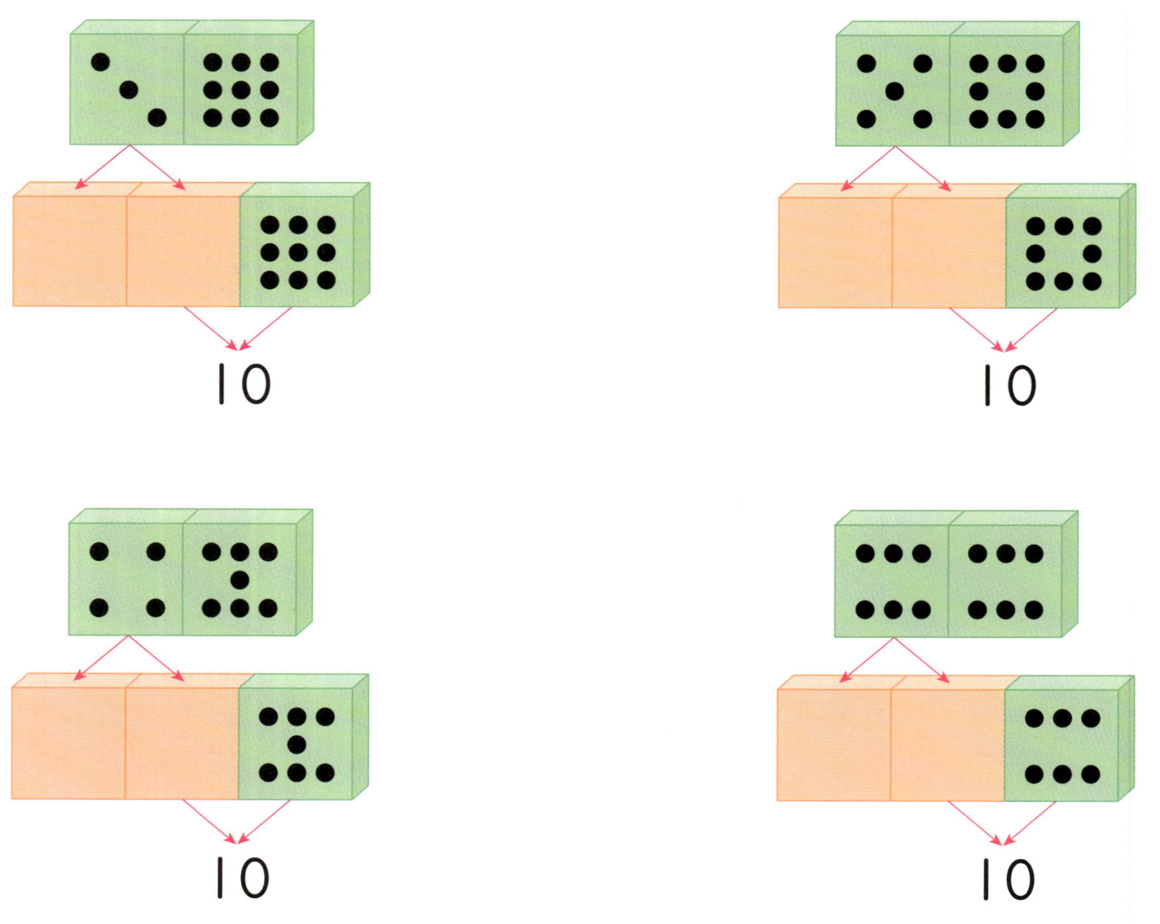

앞의 그림을 갈라 빈 곳에 알맞게 ◯를 그리세요.

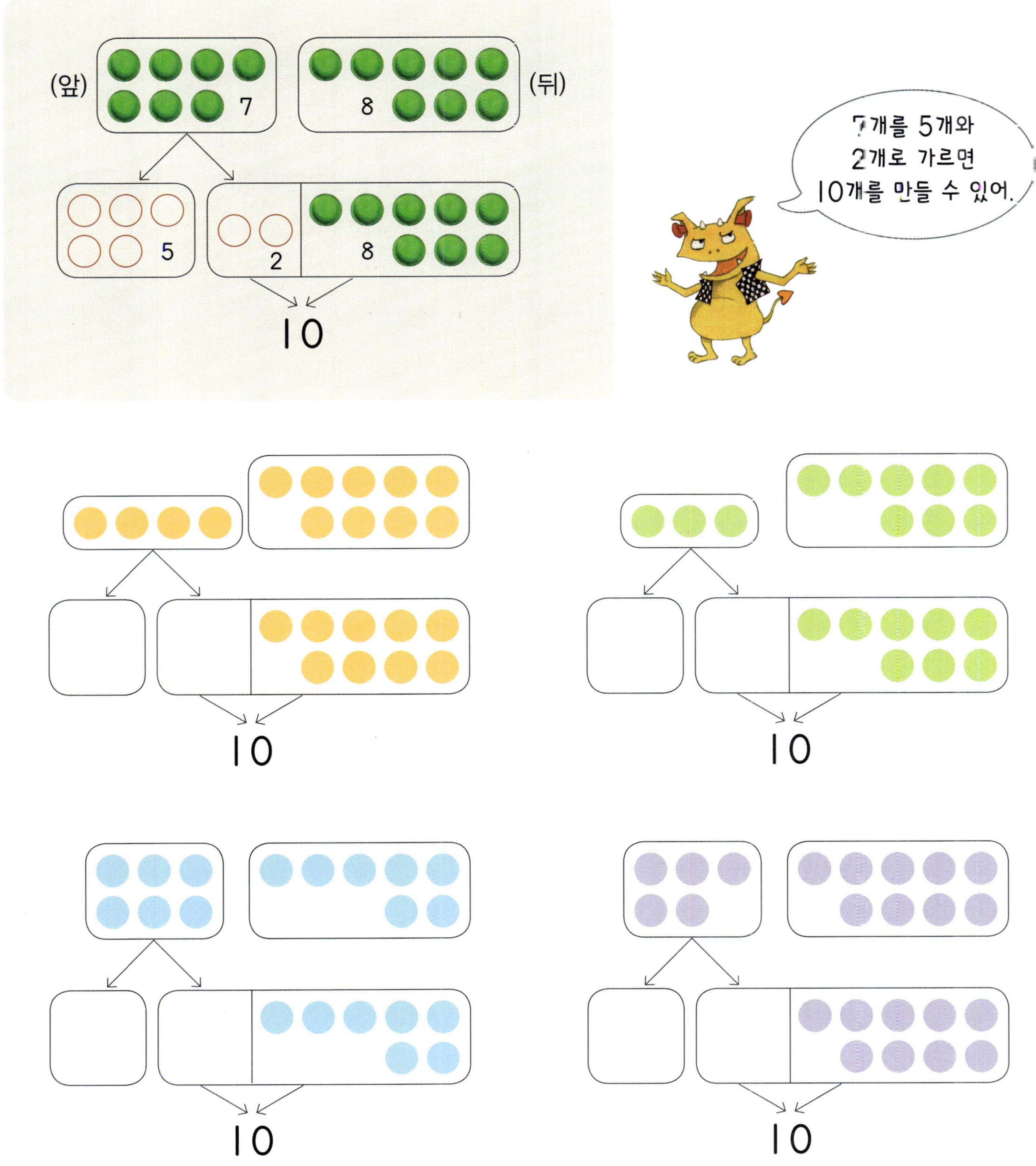

태경이는 10이 되도록 앞의 막대를 갈랐어요.

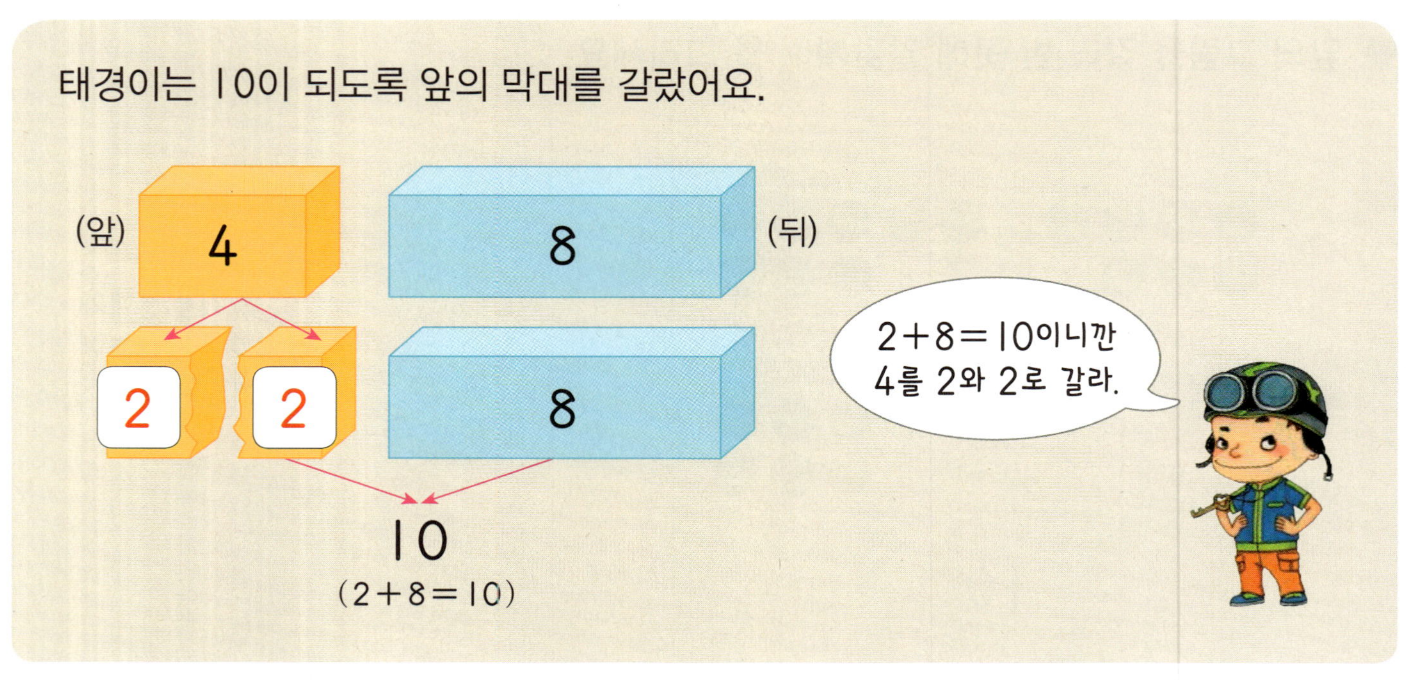

🌳 앞의 막대를 갈라 ☐ 안에 알맞은 수를 쓰세요.

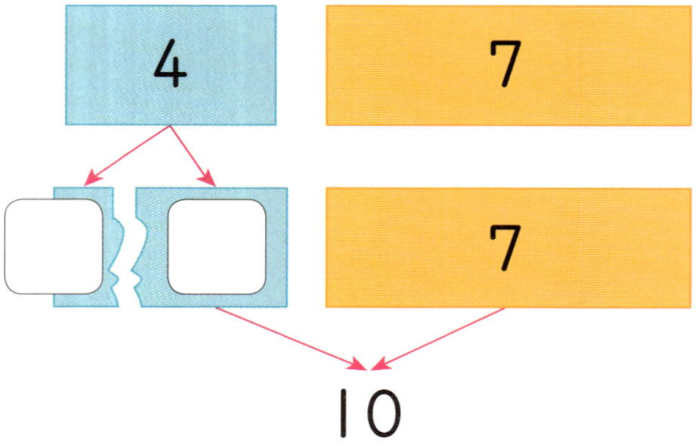

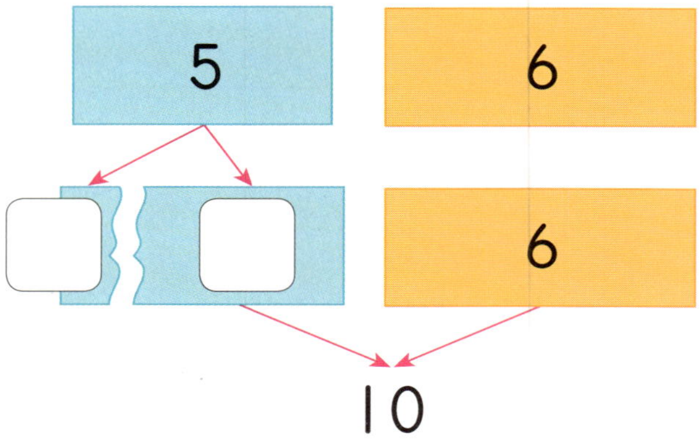

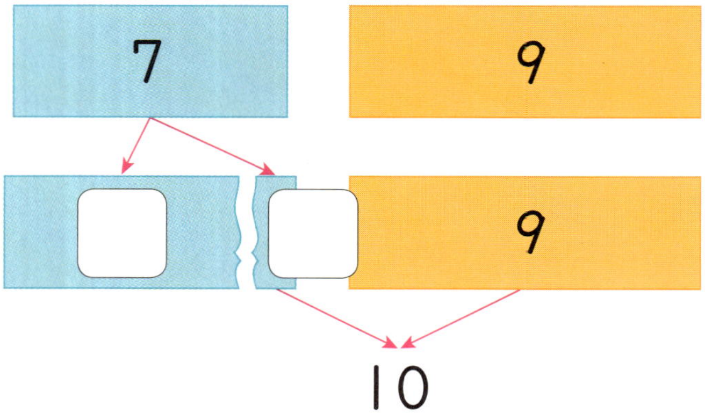

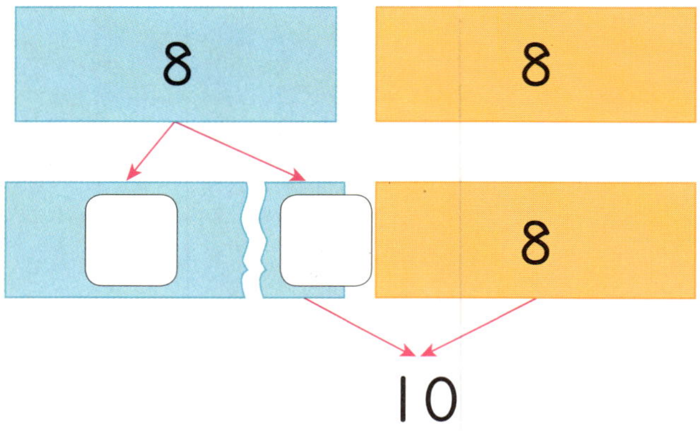

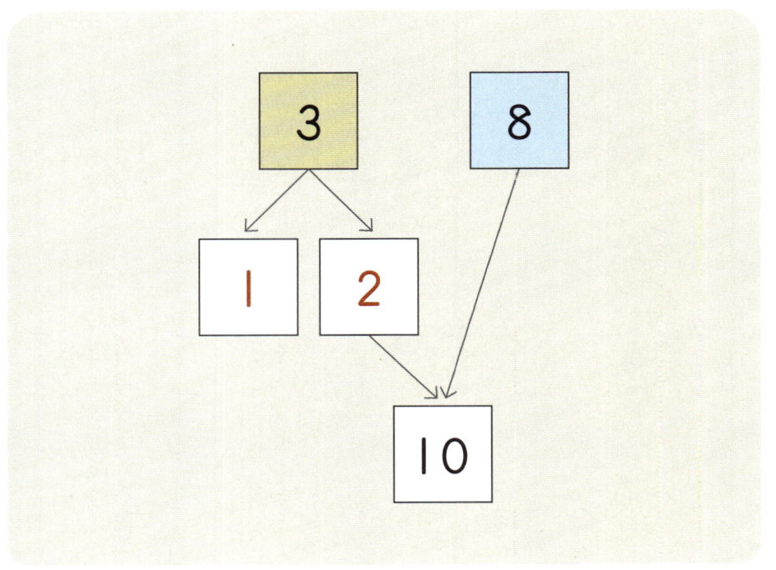

3
8
1
2
10

2와 8을 모으면
10이니깐 3을
1과 2로 갈라.

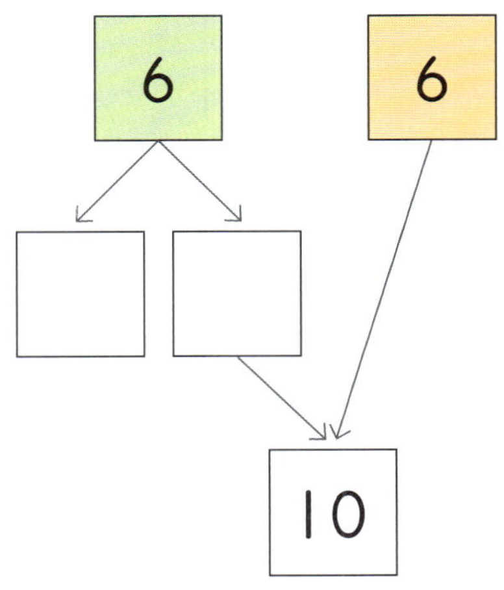

6
6
10

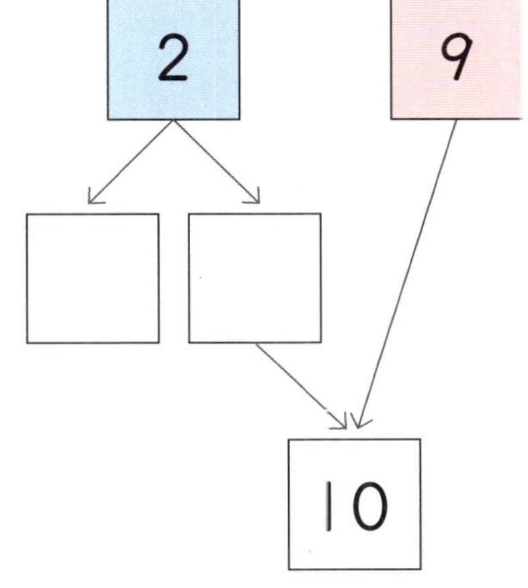

2
9
10

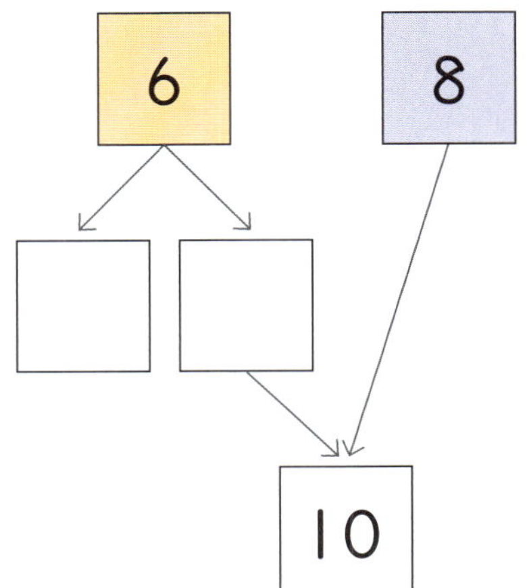

6
8
10

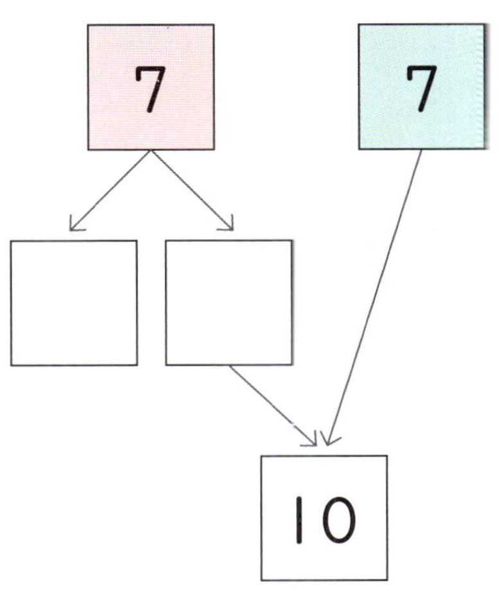

7
7
10

190 10 만들어 더하기 (2)

지오는 완두콩의 수가 모두 몇 개인지 궁금해졌어요.

$5 + 7 = 12$

$2 + 3 + 7 = 12$ (3 + 7 = 10)

그림을 보고 덧셈을 하세요.

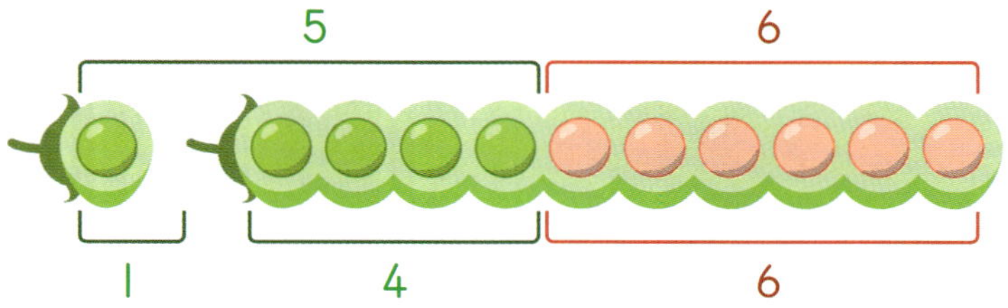

$5 + 6 =$ ☐

$1 + 4 + 6 =$ ☐

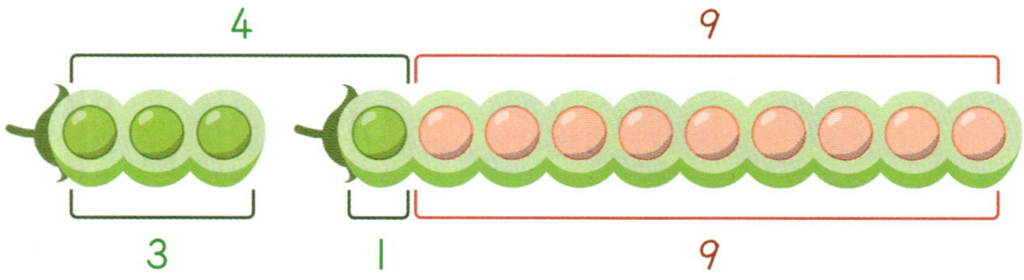

$4 + 9 =$ ☐

$3 + 1 + 9 =$ ☐

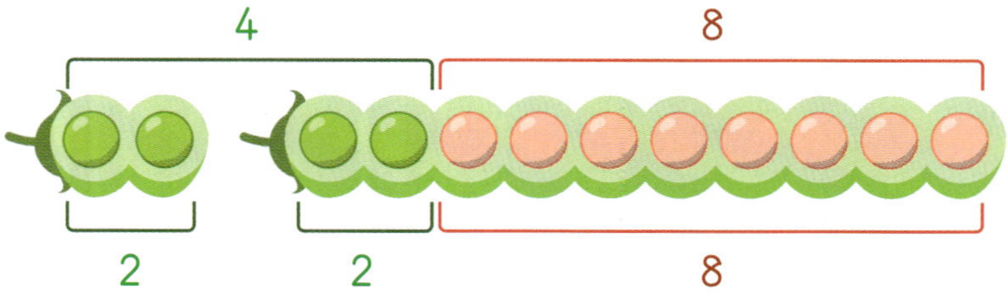

$4 + 8 =$ ☐

$2 + 2 + 8 =$ ☐

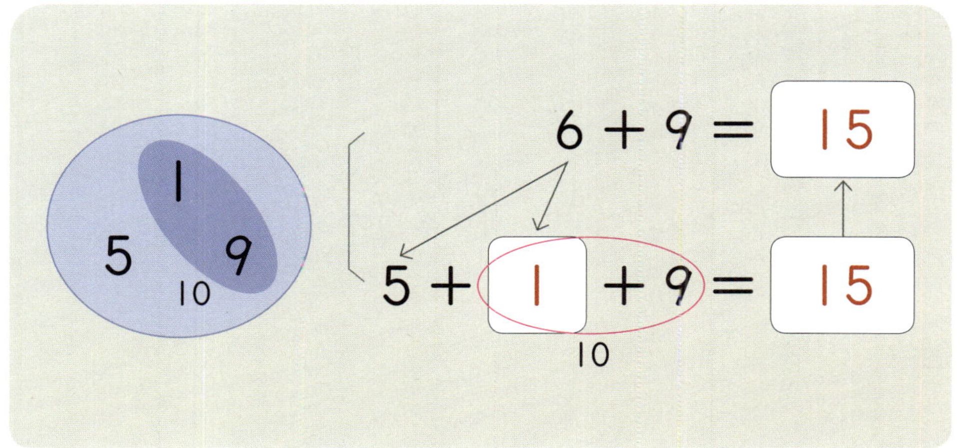

$$6 + 9 = \boxed{15}$$

$$5 + \boxed{1} + 9 = \boxed{15}$$
10

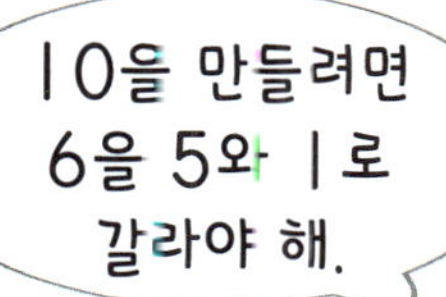

$$7 + 8 = \boxed{}$$

$$5 + \boxed{} + 8 = \boxed{}$$

$$3 + 9 = \boxed{}$$

$$2 + \boxed{} + 9 = \boxed{}$$

$$4 + 7 = \boxed{}$$

$$1 + \boxed{} + 7 = \boxed{}$$

$$5 + 8 = \boxed{}$$

$$3 + \boxed{} + 8 = \boxed{}$$

$$7 + 7 = \boxed{}$$

$$4 + \boxed{} + 7 = \boxed{}$$

$$8 + 9 = \boxed{}$$

$$7 + \boxed{} + 9 = \boxed{}$$

지오는 10이 되도록 기차의 한 칸을 갈랐어요.

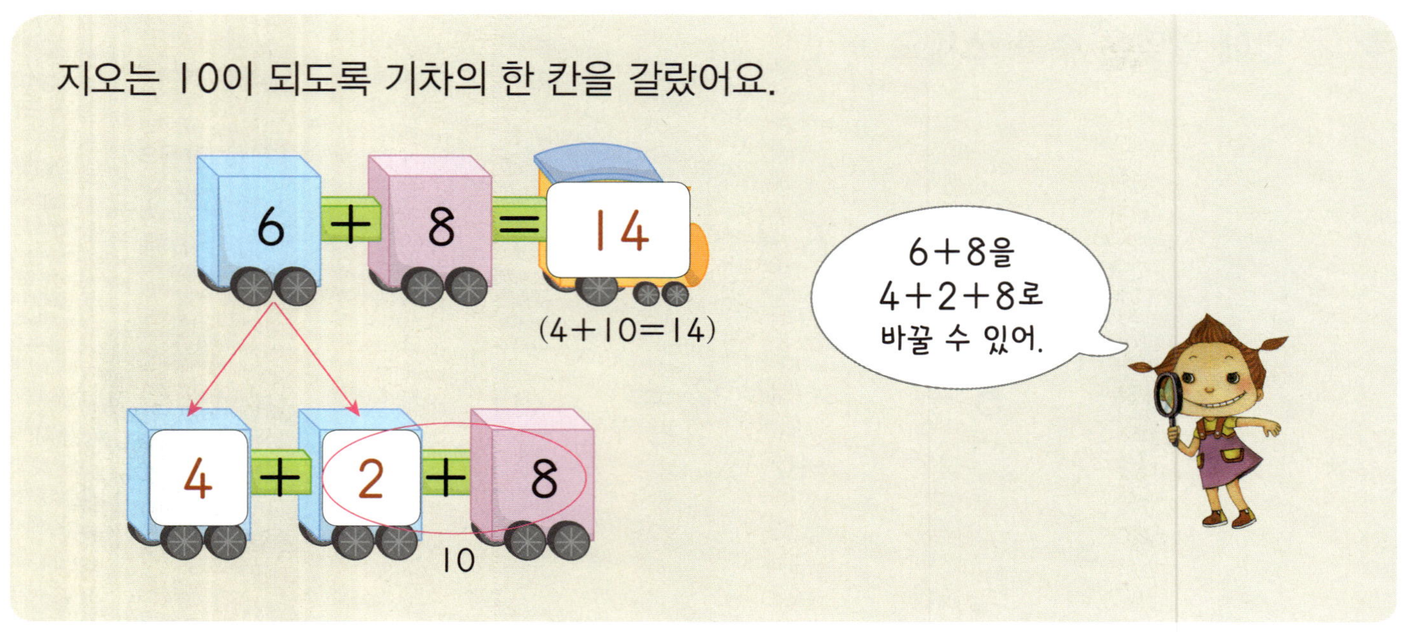

🌳 뒤의 수와 더해 10이 되도록 앞의 수를 가른 다음 덧셈을 하세요.

2 + 9 =
□ + 1 + 9

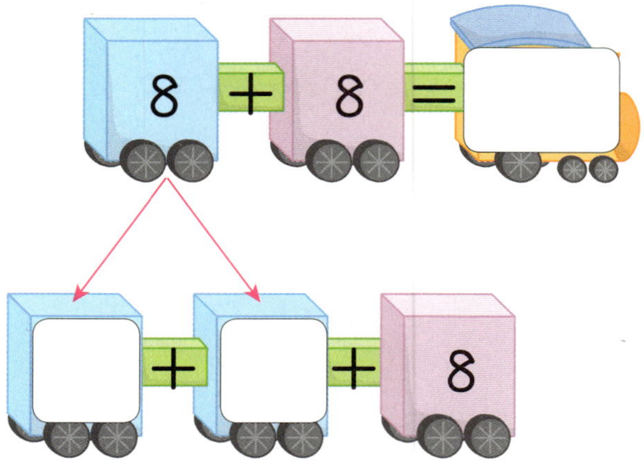

8 + 8 =
□ + □ + 8

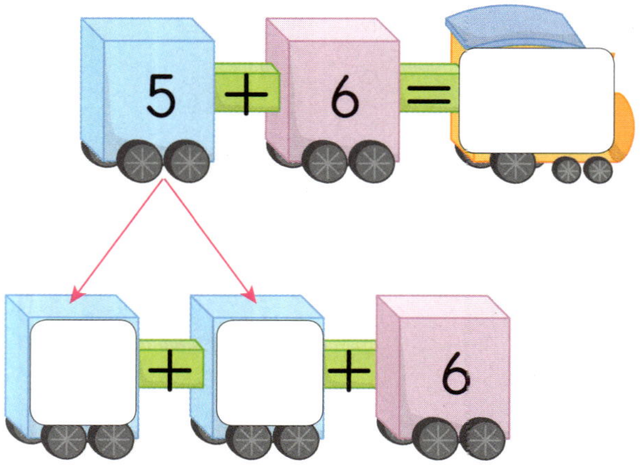

5 + 6 =
□ + □ + 6

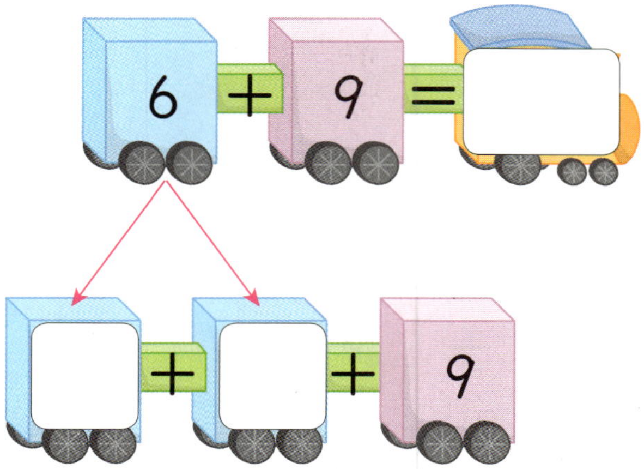

6 + 9 =
□ + □ + 9

🌳 **뒤의 수와 더해 10이 되도록 앞의 수를 가른 다음 덧셈을 하세요.**

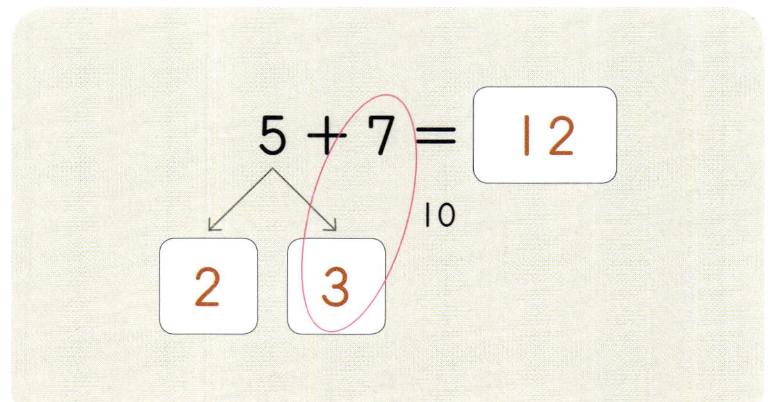

6 + 8 = ☐

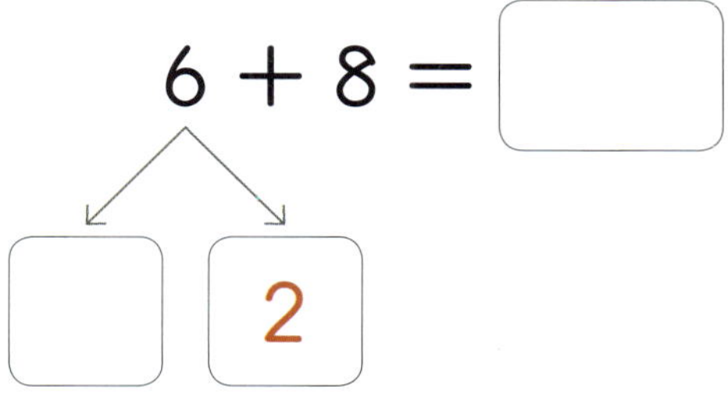

6 + 7 = ☐

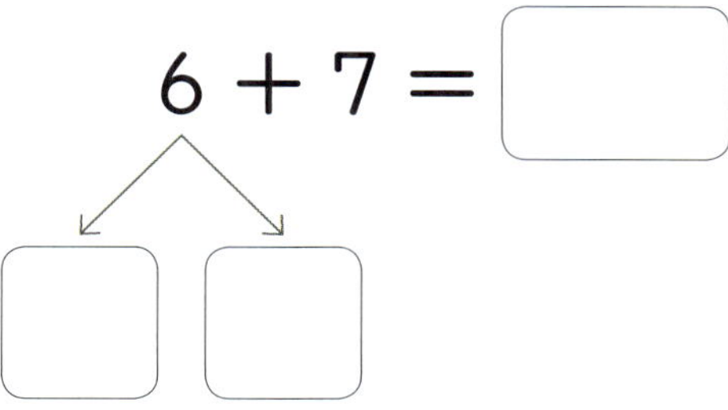

7 + 9 = ☐

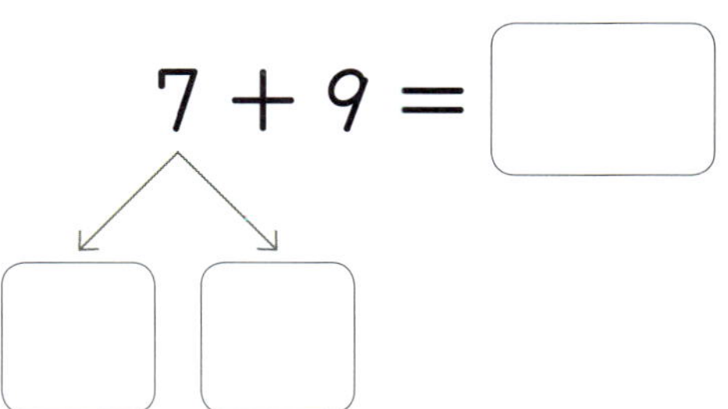

3 + 8 = ☐

5 + 9 = ☐

6 + 6 = ☐

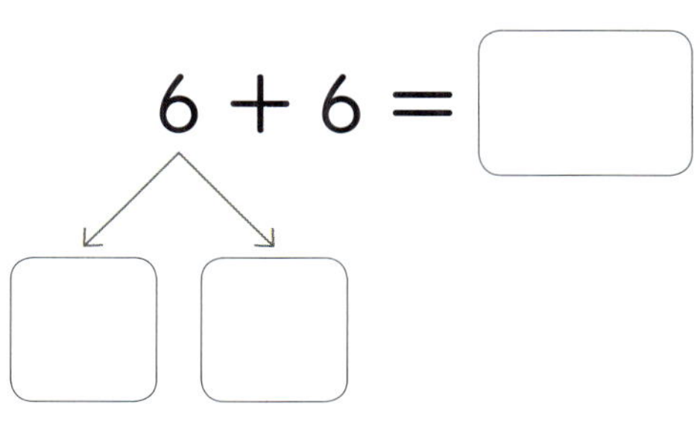

무엇을 배웠을까요

▲ 모아서 10개가 되는 두 묶음을 선으로 잇고 덧셈을 하세요.

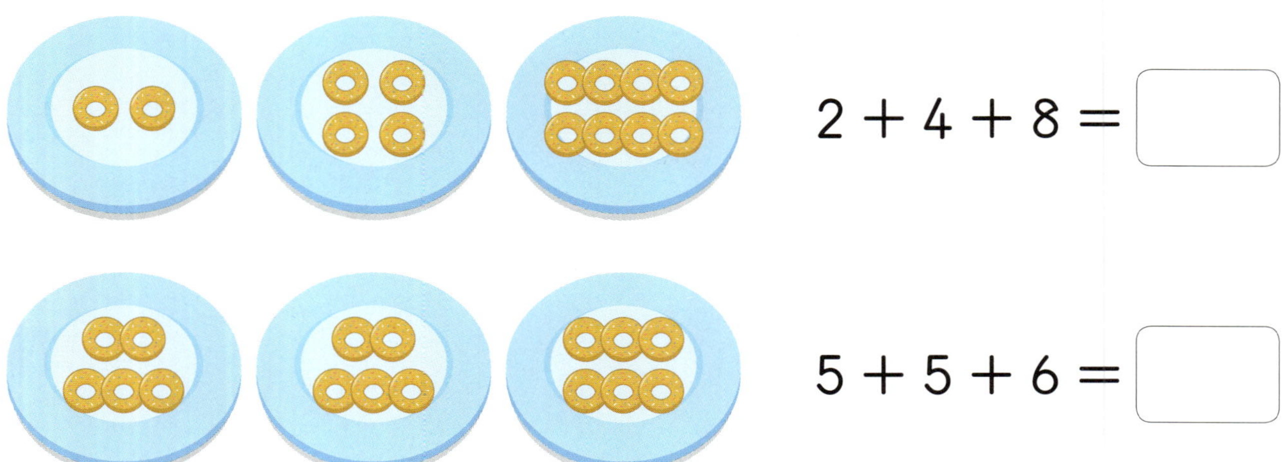

$2 + 4 + 8 =$

$5 + 5 + 6 =$

▲ 뒤의 점을 갈라 빈 곳에 알맞게 점을 그리세요.

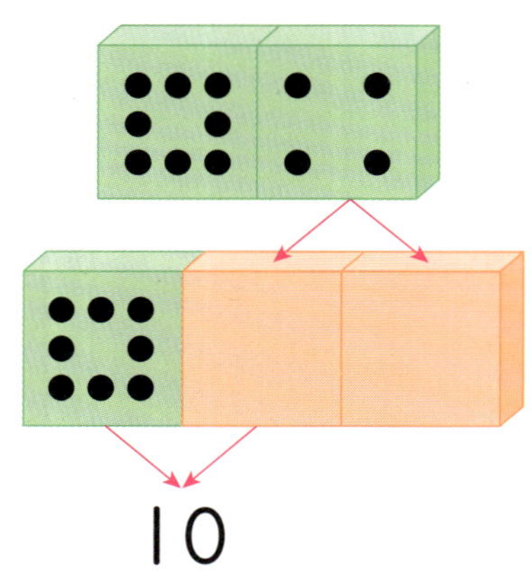

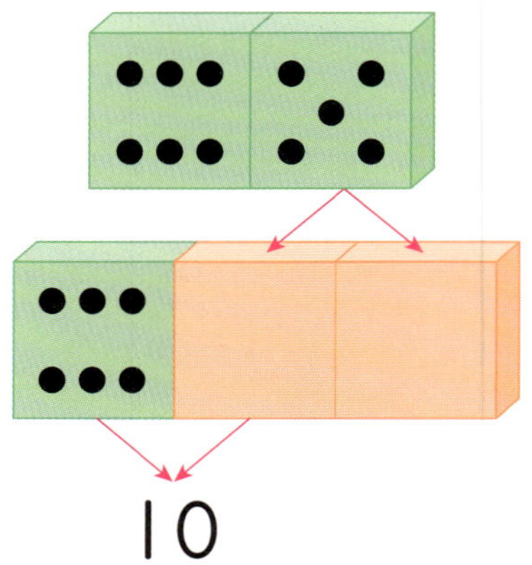

▲ ☐ 안에 알맞은 수를 쓰세요.

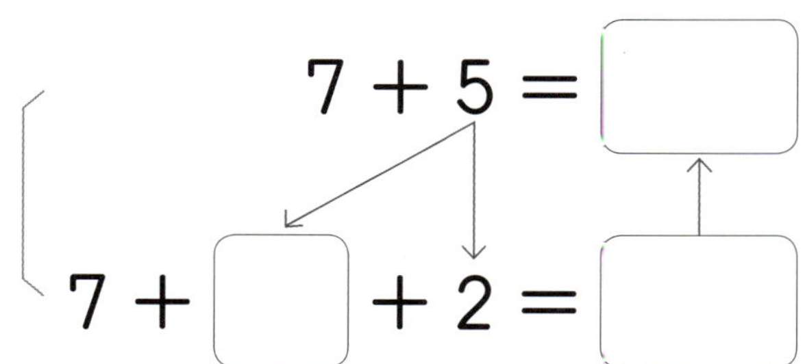

$7 + 5 =$

$7 + \boxed{} + 2 =$

$9 + 4 =$

$9 + \boxed{} + 3 =$

🌲 앞의 막대를 갈라 ☐ 안에 알맞은 수를 쓰세요.

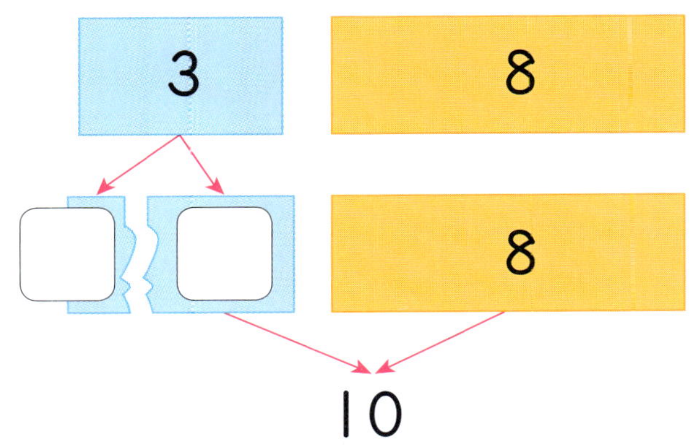
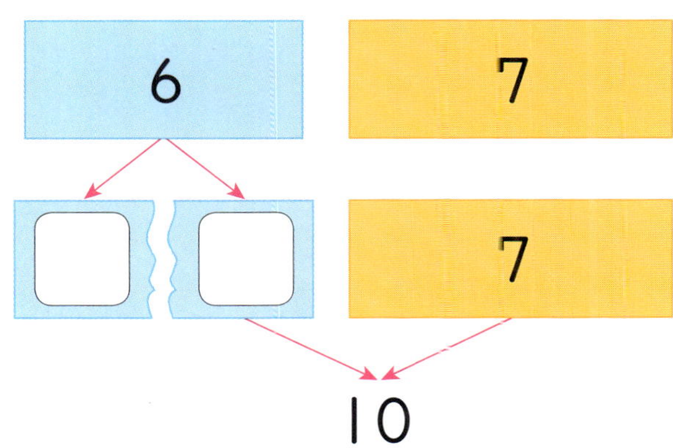

🌲 ☐ 안에 알맞은 수를 쓰세요.

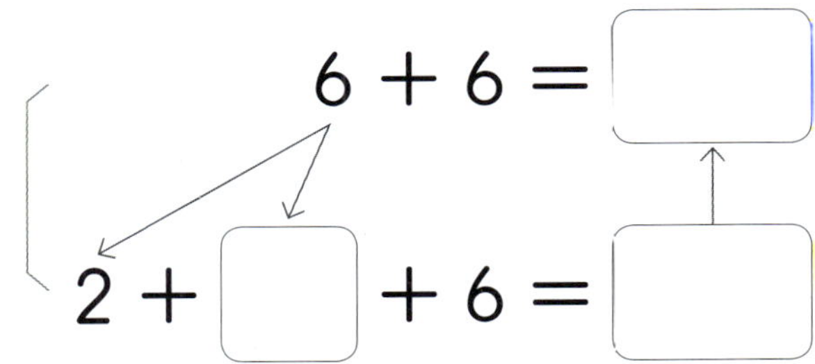
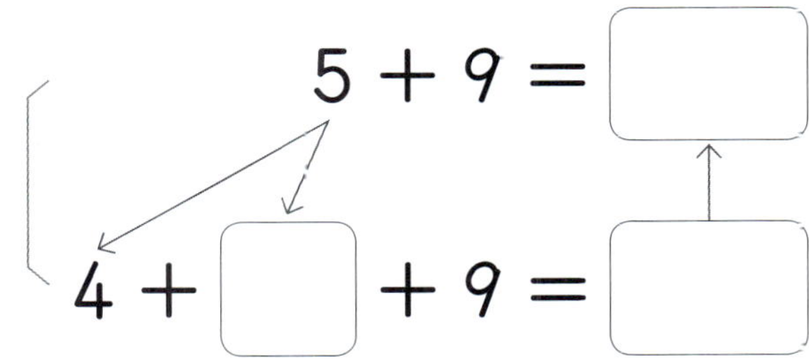

$$6 + 6 = \boxed{}$$
$$2 + \boxed{} + 6 = \boxed{}$$

$$5 + 9 = \boxed{}$$
$$4 + \boxed{} + 9 = \boxed{}$$

🌲 뒤의 수와 더해 10이 되도록 앞의 수를 가른 다음 덧셈을 하세요.

$$4 + 7 = \boxed{}$$

$$8 + 8 = \boxed{}$$

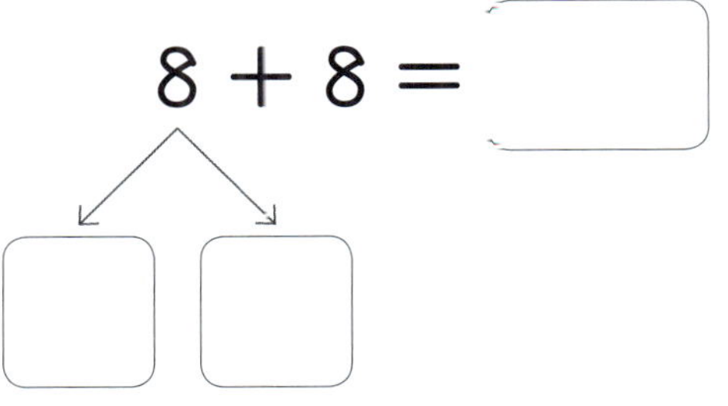

연산력 게임

빈 곳에 들어갈 전구는 무엇일까요?

아래쪽에서 알맞은 수를 찾아 손가락으로 끌어서 빈 곳에 넣으세요.
14를 넣으면 정답입니다.

게임기 화면의 두 수의 합은 얼마일까요?

시작 버튼을 누르고 식이 나오면 아래쪽에서 알맞은 수를 찾아 손가락으로 누르세요.
14를 누르면 정답입니다.

10을 이용한 더하기 (2)

▶ 연산 보충 학습(106쪽)에서 더 풀어 보세요.

학부모 지도 가이드

이번 차시에서는 앞서 배웠던 내용의 연장선으로 10을 이용한 받아올림이 있는 덧셈을 공부합니다. 작은 수를 갈라 10 만들어 더하기, 더하고 빼어 10 만들기, 빼고 더하여 10 만들기, 큰 수를 10 만들어 더하기 등 여러 가지 방법으로 덧셈에 접근할 수 있도록 지도해 주세요.

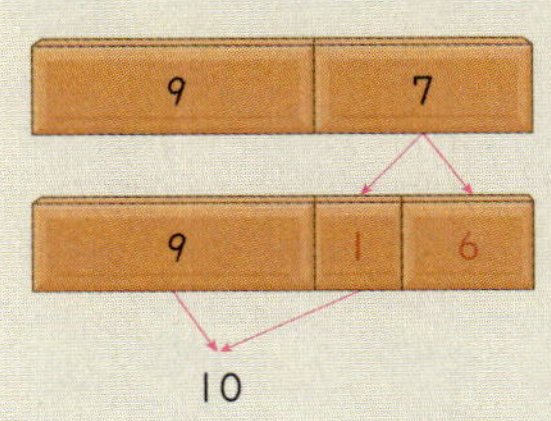

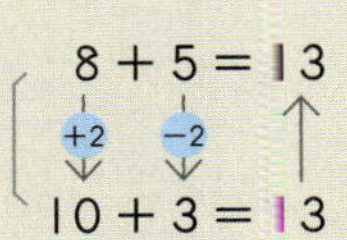

$$8 + 5 = 13$$
$$10 + 3 = 13$$

작은 수를 갈라 I0 만들기

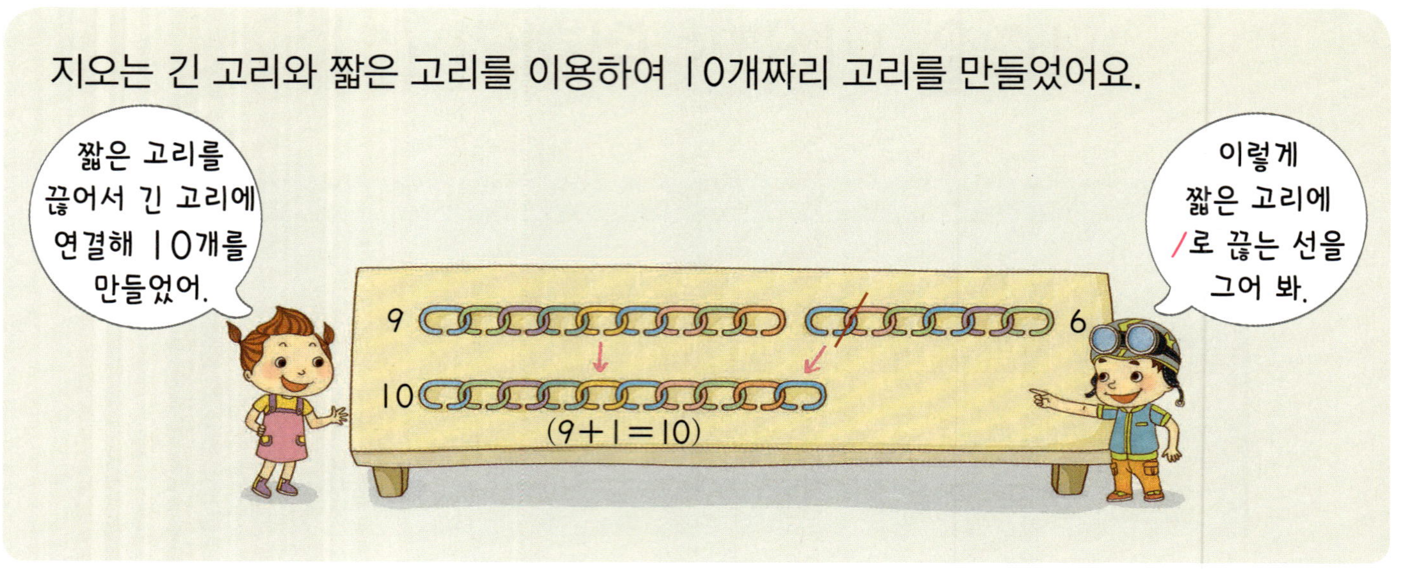

🌳 긴 고리와 이어서 I0개가 되도록 짧은 고리에 /로 끊는 선을 그으세요.

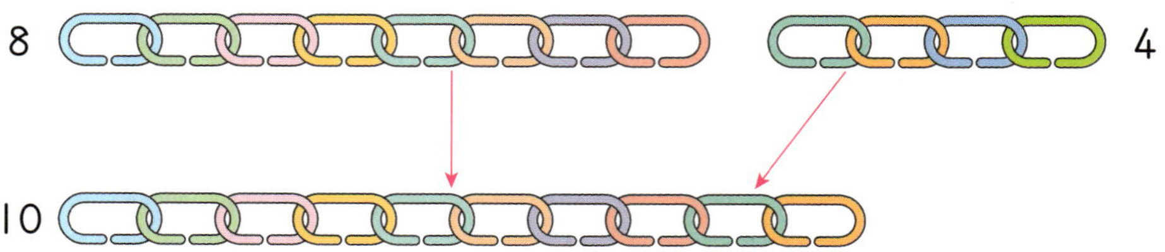

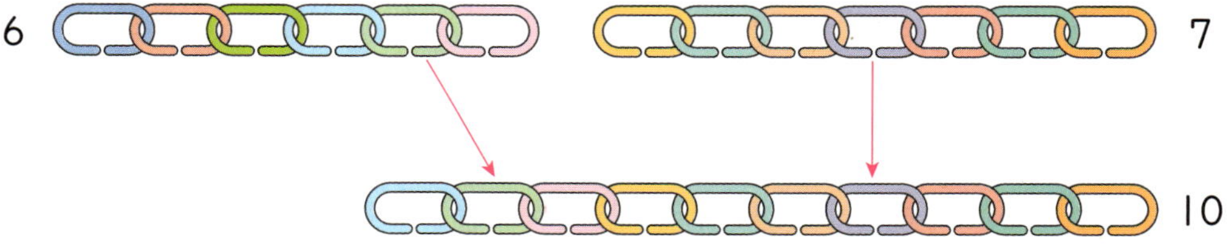

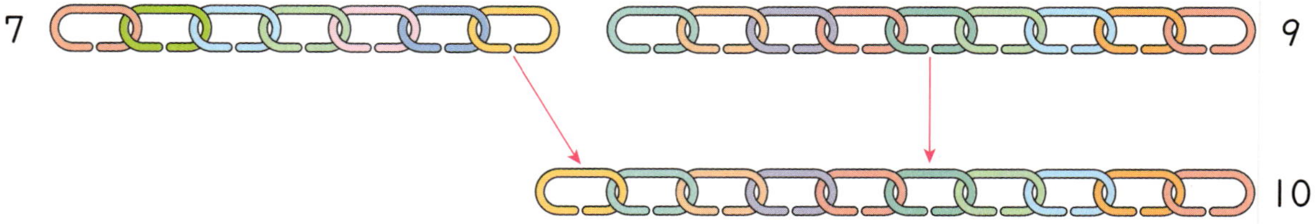

개수가 적은 그림을 갈라 빈 곳에 알맞게 ◯를 그리세요.

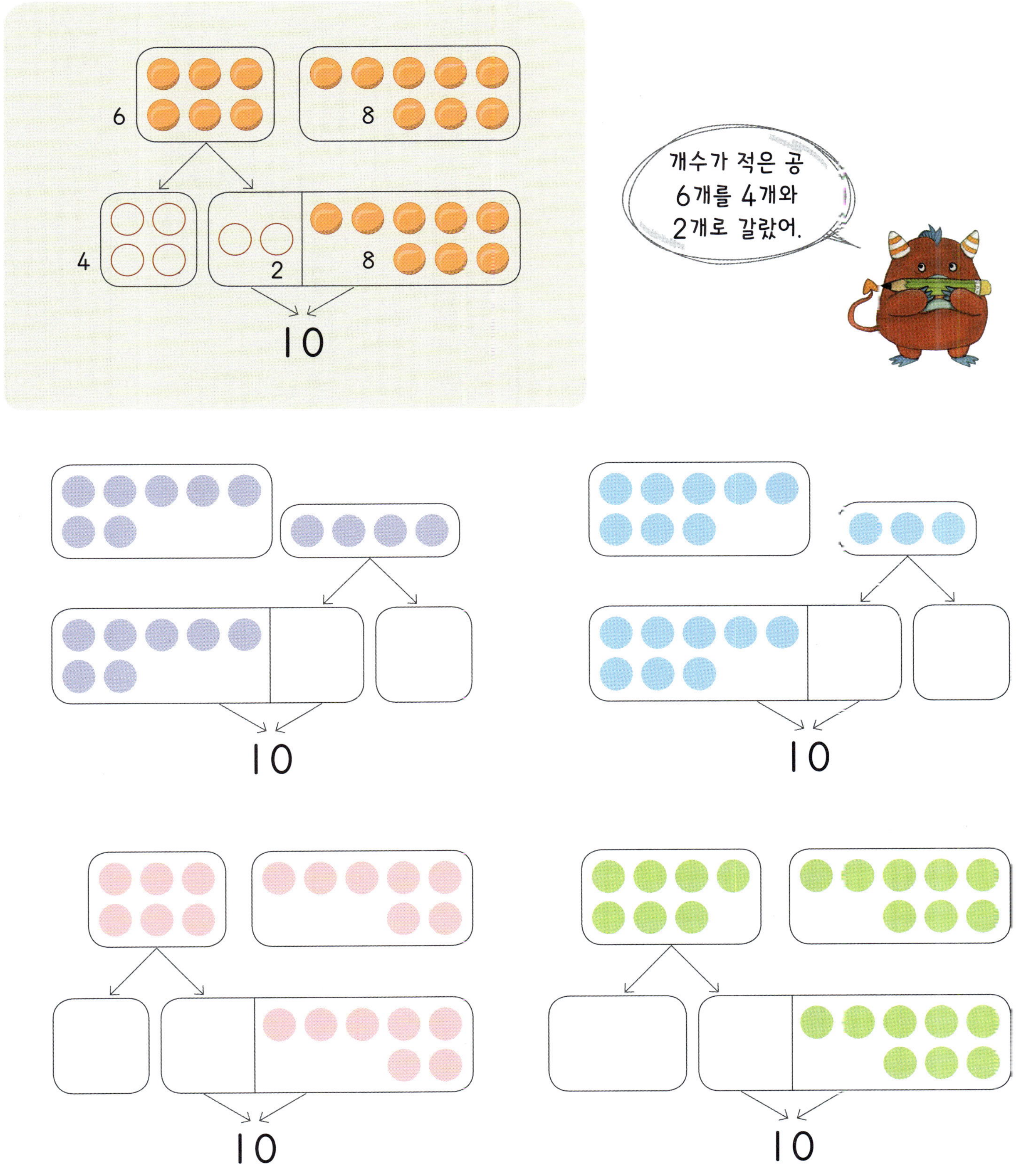

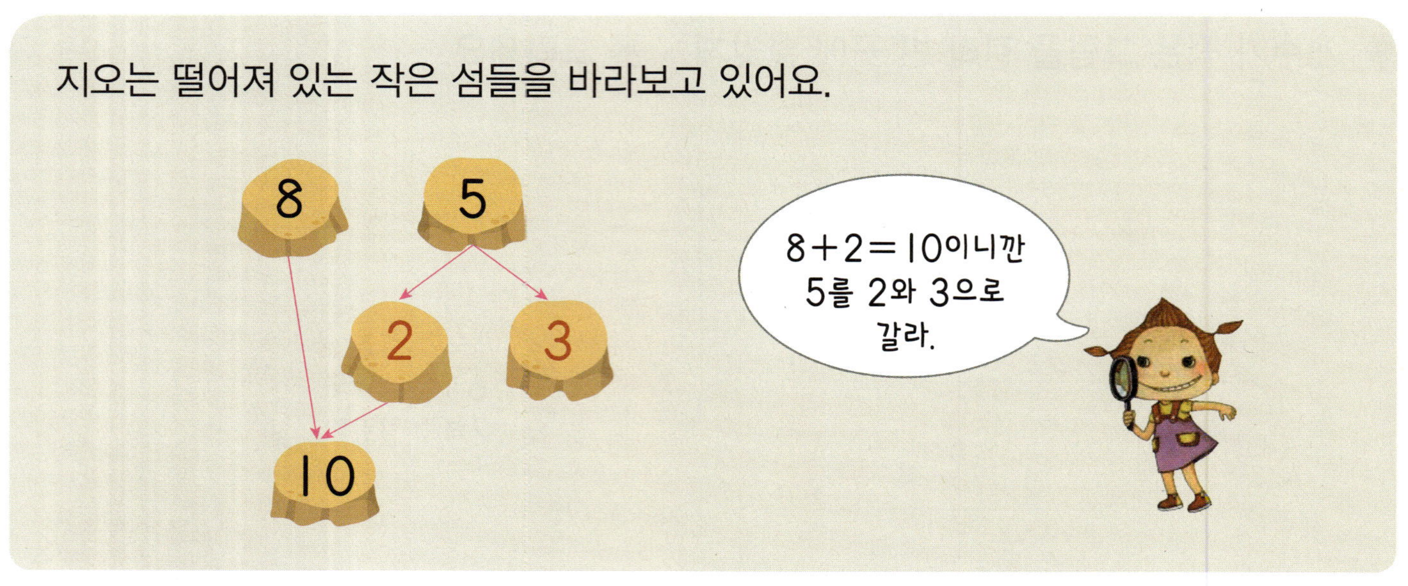

🌳 작은 수를 갈라 빈 곳에 알맞은 수를 쓰세요.

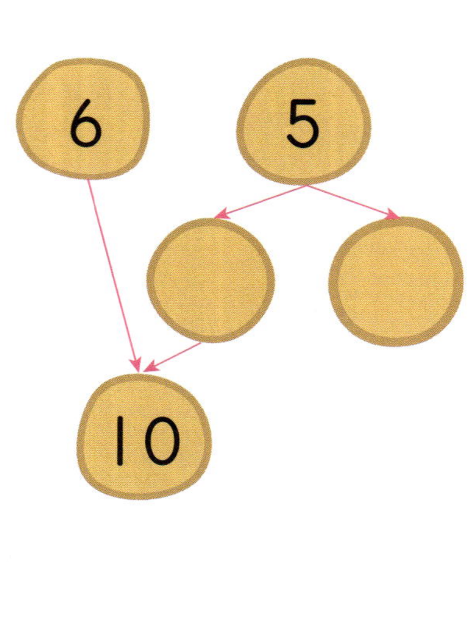

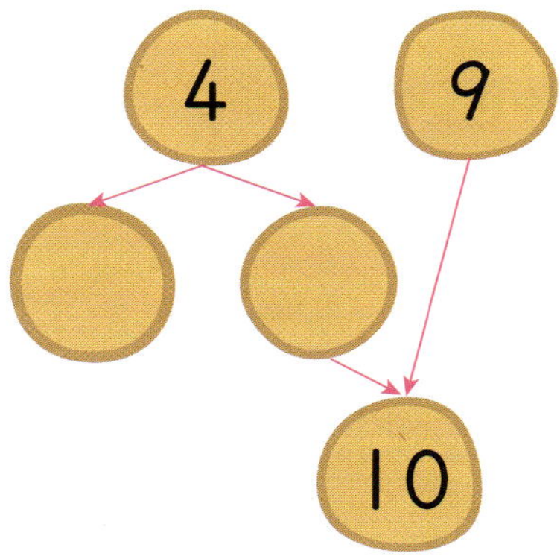

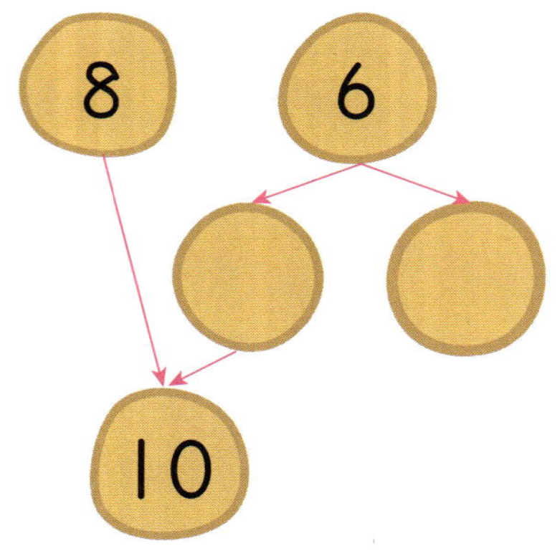

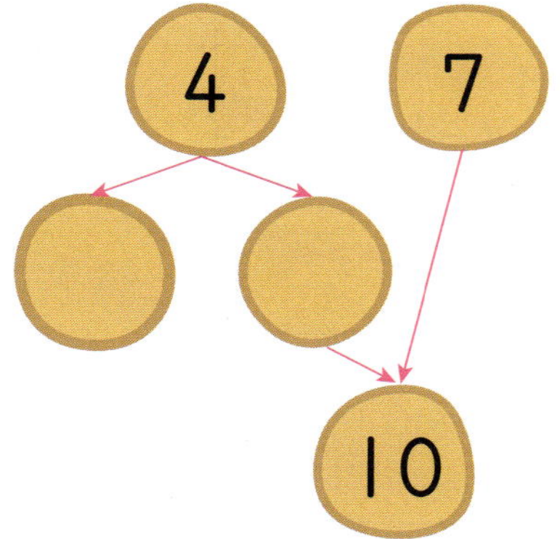

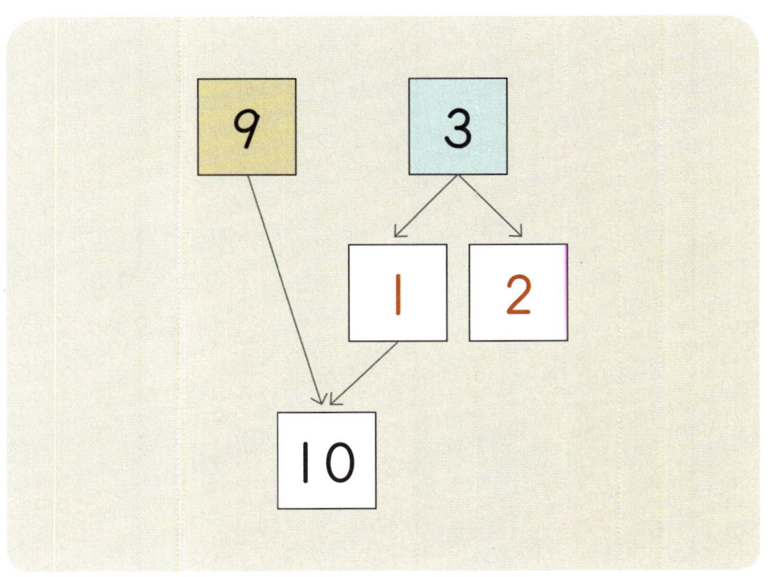

9와 1을 모으면
10이니깐 3을
1과 2로 갈라.

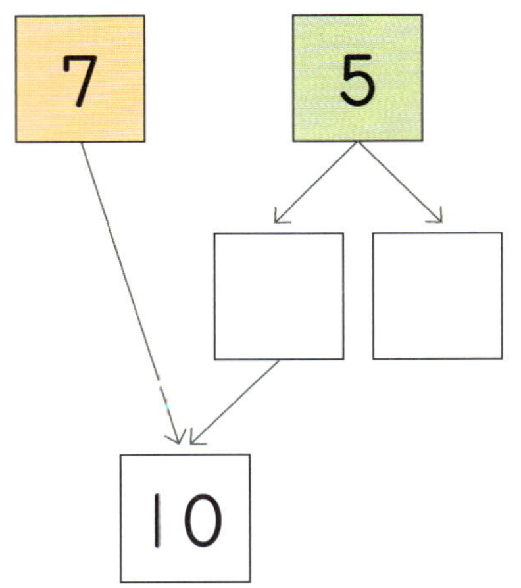

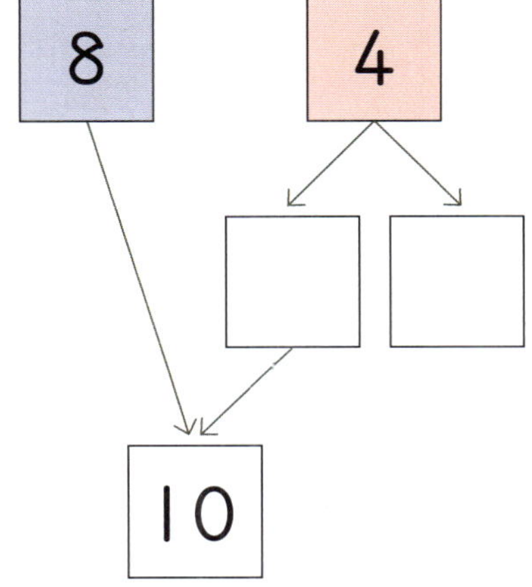

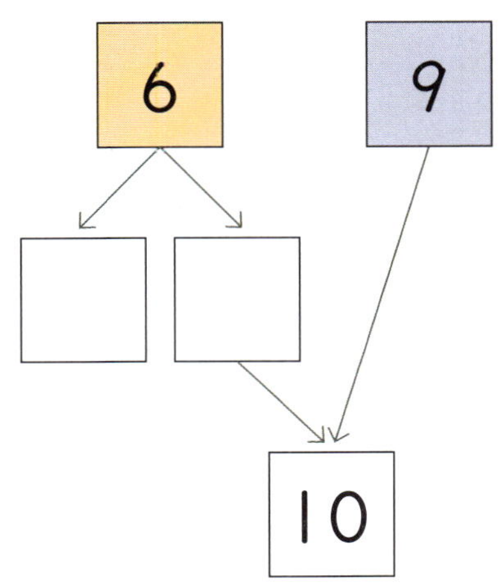

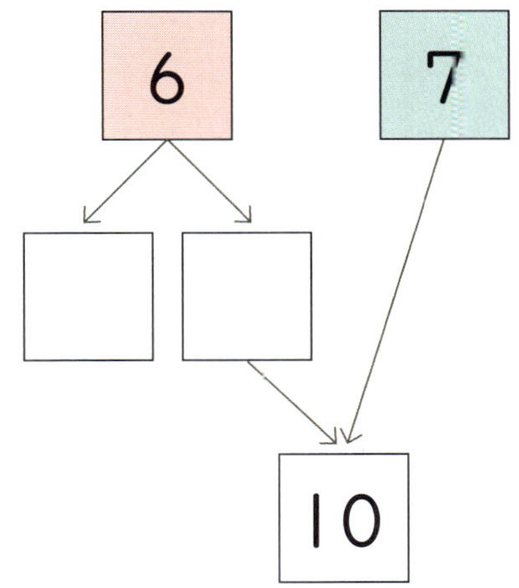

공부한 날
월
일

작은 수를 갈라 더하기

🌳 작은 수를 갈라 ▢ 안에 알맞은 수를 쓰세요.

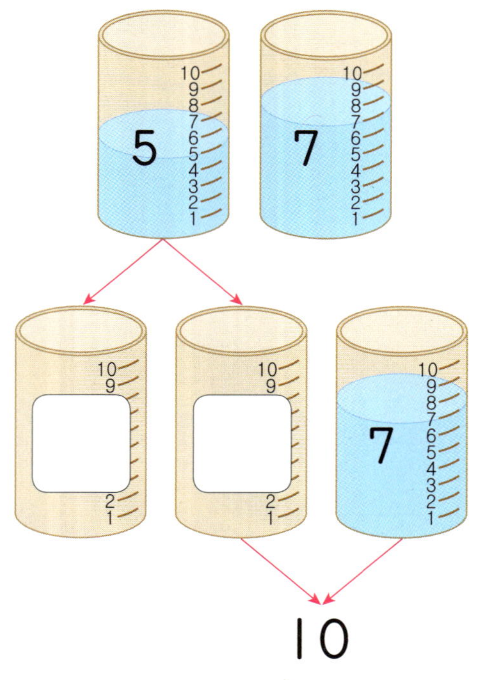

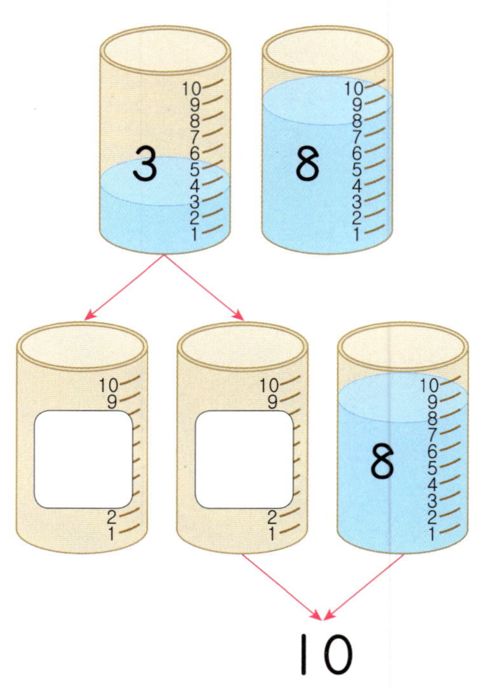

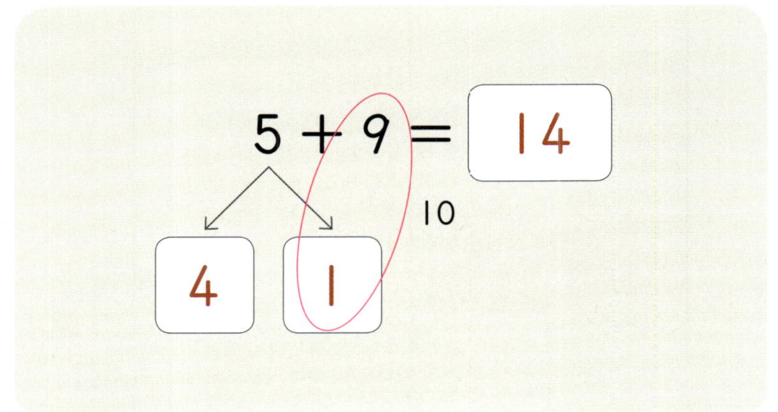

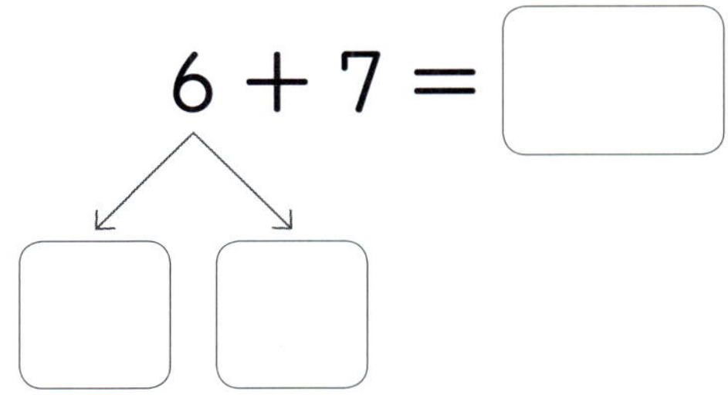

8 + 4 =

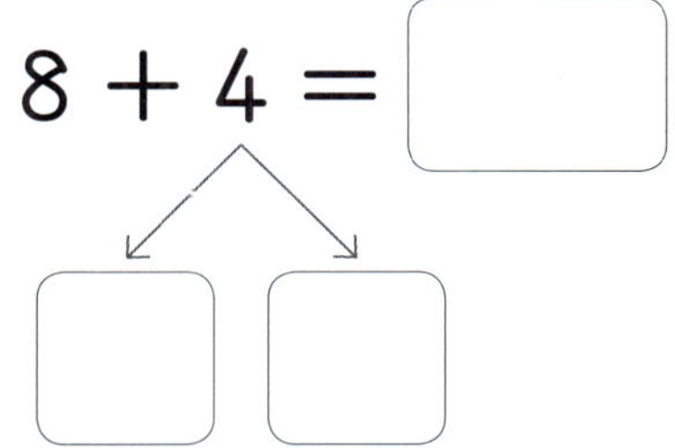

4 + 7 =

9 + 8 =

2 + 9 =

8 + 6 =

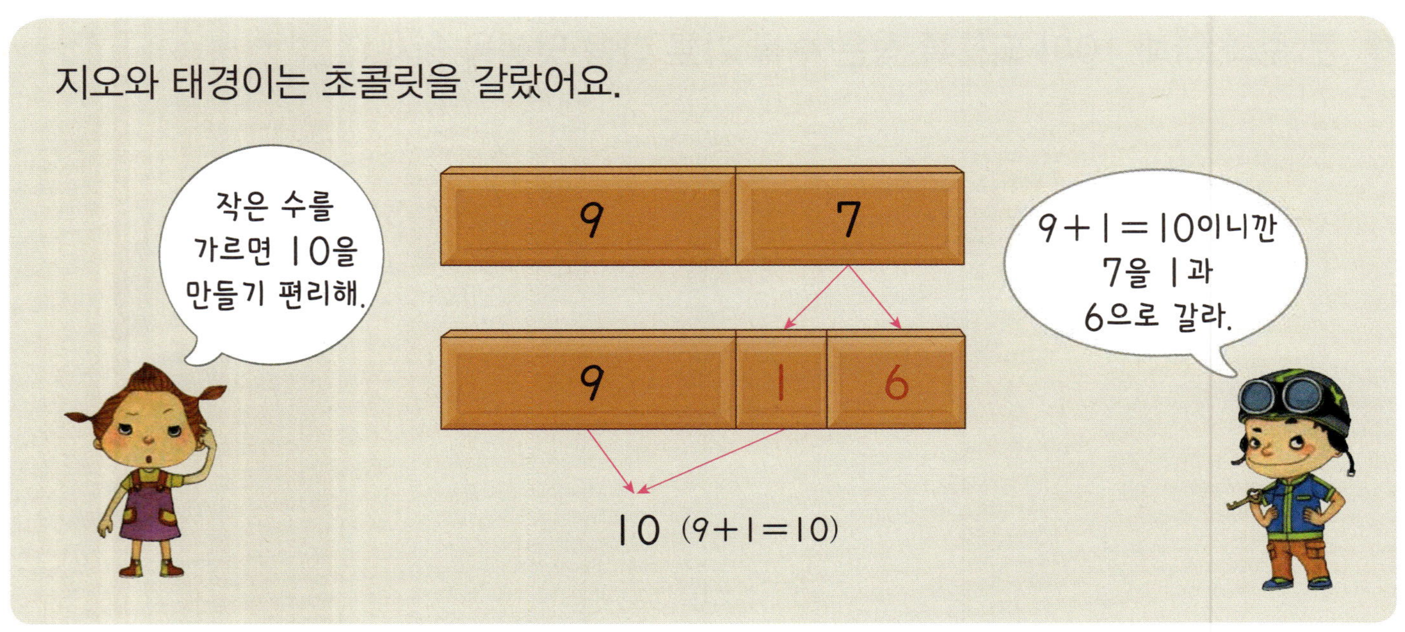

🌳 작은 수를 갈라 빈 곳에 알맞은 수를 쓰세요.

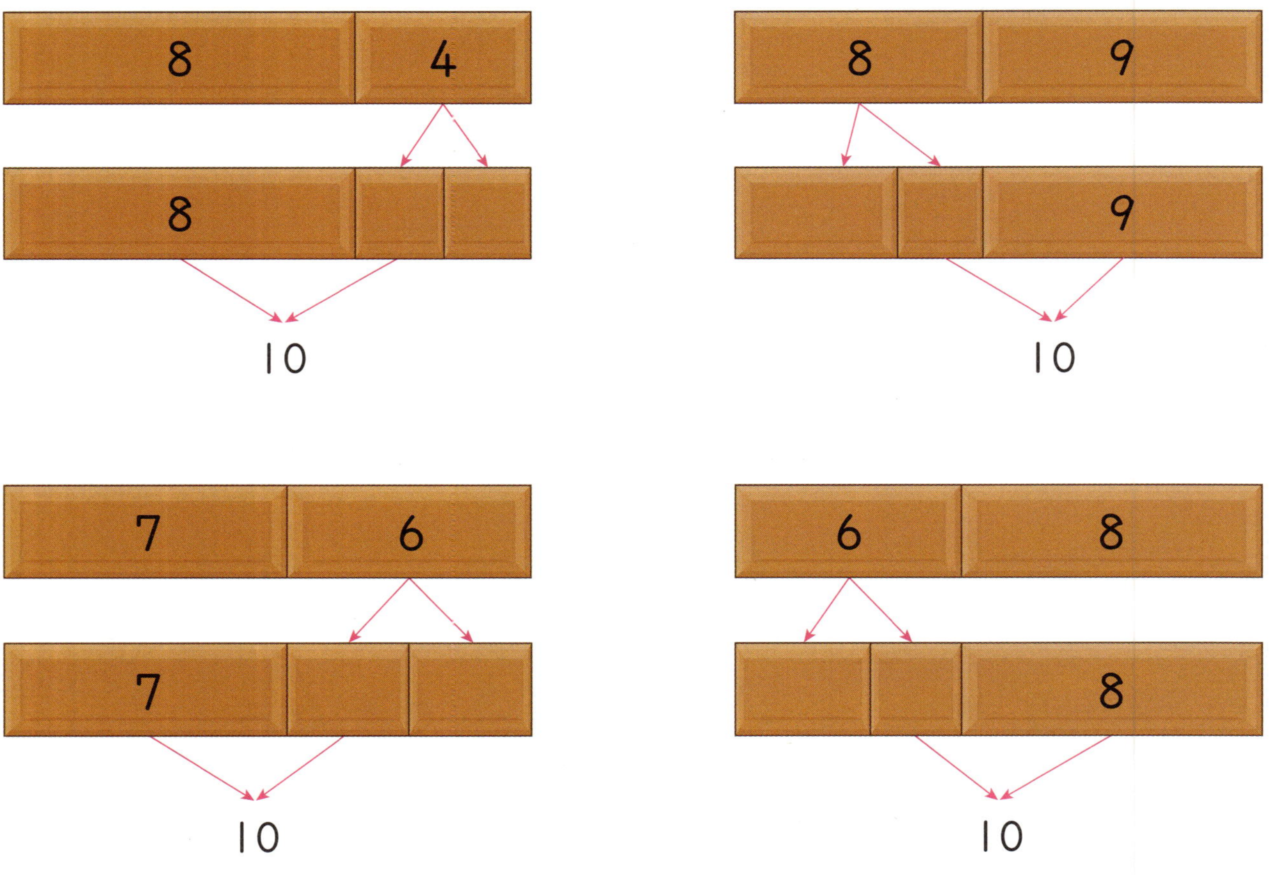

🌳 큰 수와 더해 10이 되도록 작은 수를 가른 다음 덧셈을 하세요.

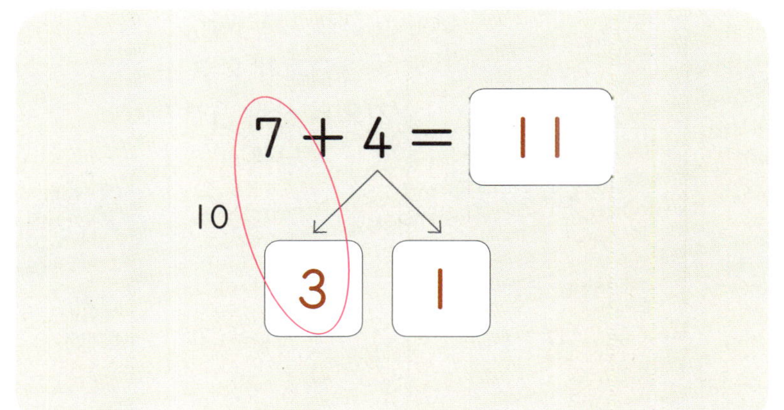

$8 + 7 = \boxed{}$

$3 + 9 = \boxed{}$

$6 + 5 = \boxed{}$

$6 + 9 = \boxed{}$

$9 + 5 = \boxed{}$

$3 + 8 = \boxed{}$

더하고 빼어 IO 만들기

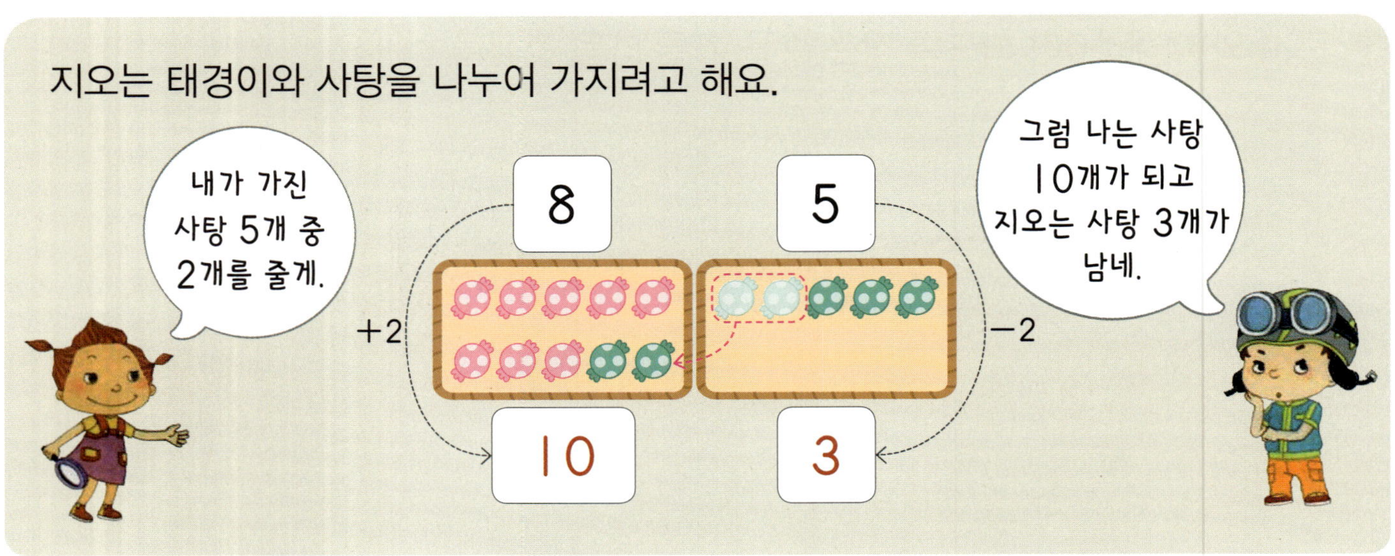

● ☐ 안에 알맞은 수를 쓰세요.

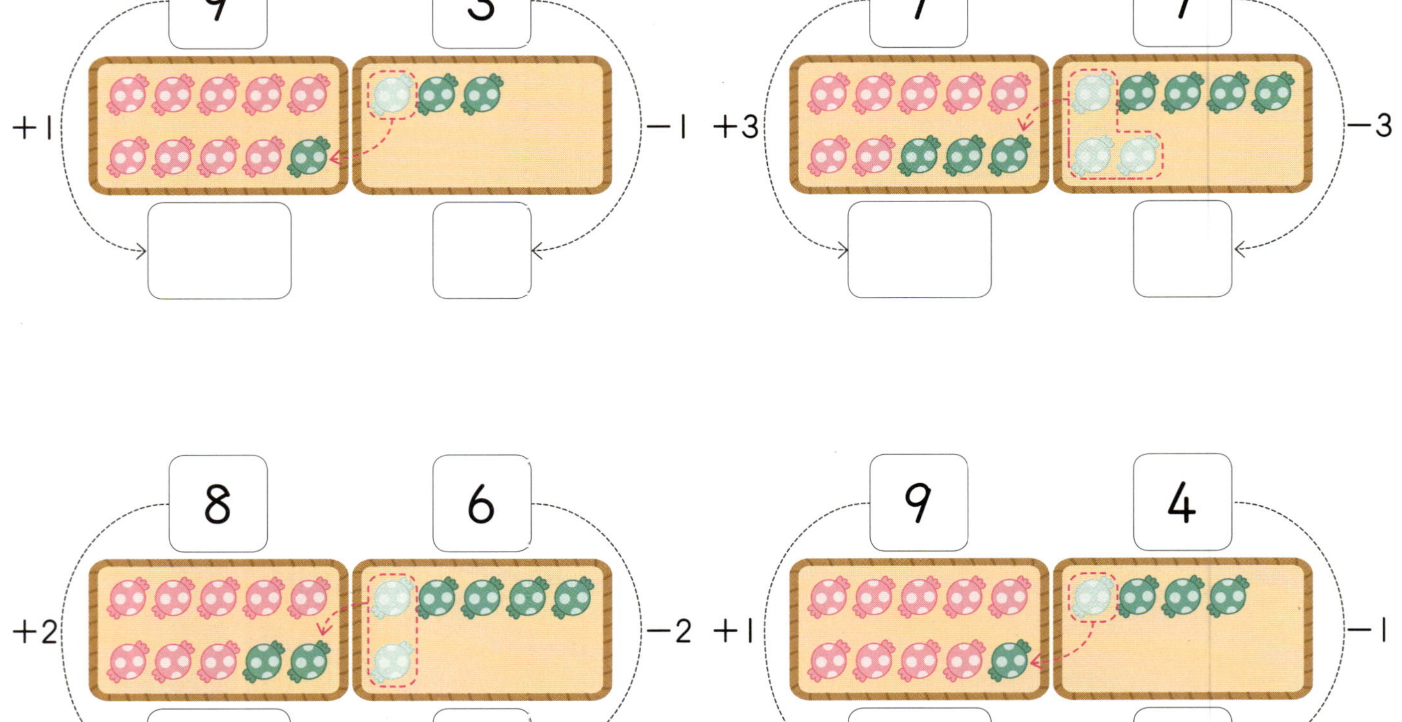

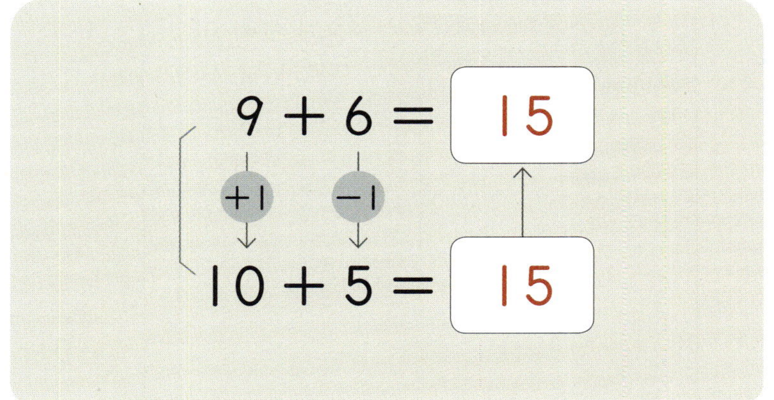

$$7 + 4 = \boxed{}$$
$$+3 \quad -3$$
$$10 + 1 = \boxed{}$$

$$8 + 7 = \boxed{}$$
$$+2 \quad -2$$
$$10 + 5 = \boxed{}$$

$$9 + 5 = \boxed{}$$
$$+1 \quad -1$$
$$10 + 4 = \boxed{}$$

$$6 + 6 = \boxed{}$$
$$+4 \quad -4$$
$$10 + 2 = \boxed{}$$

$$8 + 3 = \boxed{}$$
$$+2 \quad -2$$
$$10 + 1 = \boxed{}$$

$$9 + 8 = \boxed{}$$
$$+1 \quad -1$$
$$10 + 7 = \boxed{}$$

태경이는 달걀의 수를 세고 있어요.

🌳 왼쪽 달걀이 10개가 되도록 ◯를 그리고 그린 만큼 오른쪽 달걀을 /로 지워 덧셈을 하세요.

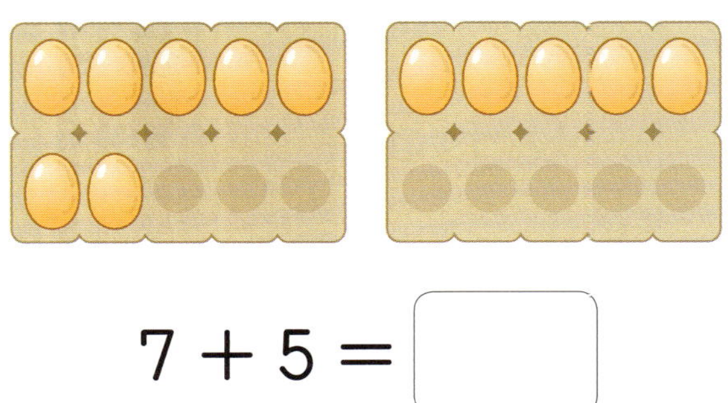

$7 + 5 = \boxed{}$

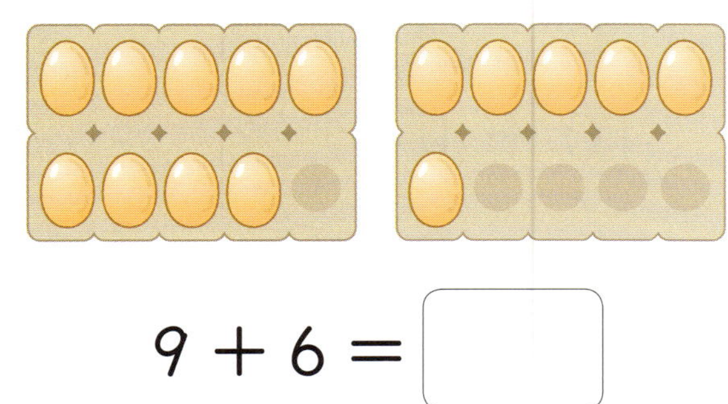

$9 + 6 = \boxed{}$

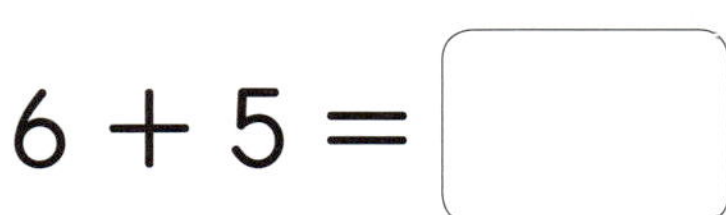

$6 + 5 = \boxed{}$

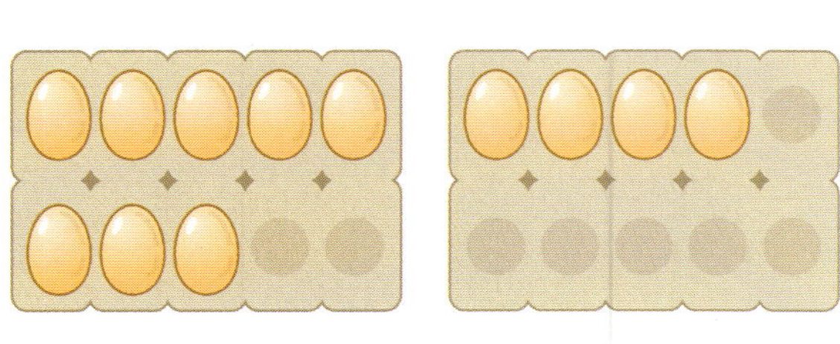

$8 + 4 = \boxed{}$

🌳 덧셈을 하세요.

$$8 + 6 = \boxed{14}$$

$9 + 5 = $ 　　　　　$6 + 6 = $

$7 + 4 = $ 　　　　　$9 + 7 = $

$8 + 5 = $ 　　　　　$7 + 7 = $

$9 + 3 = $ 　　　　　$8 + 3 = $

빼고 더하여 IO 만들기

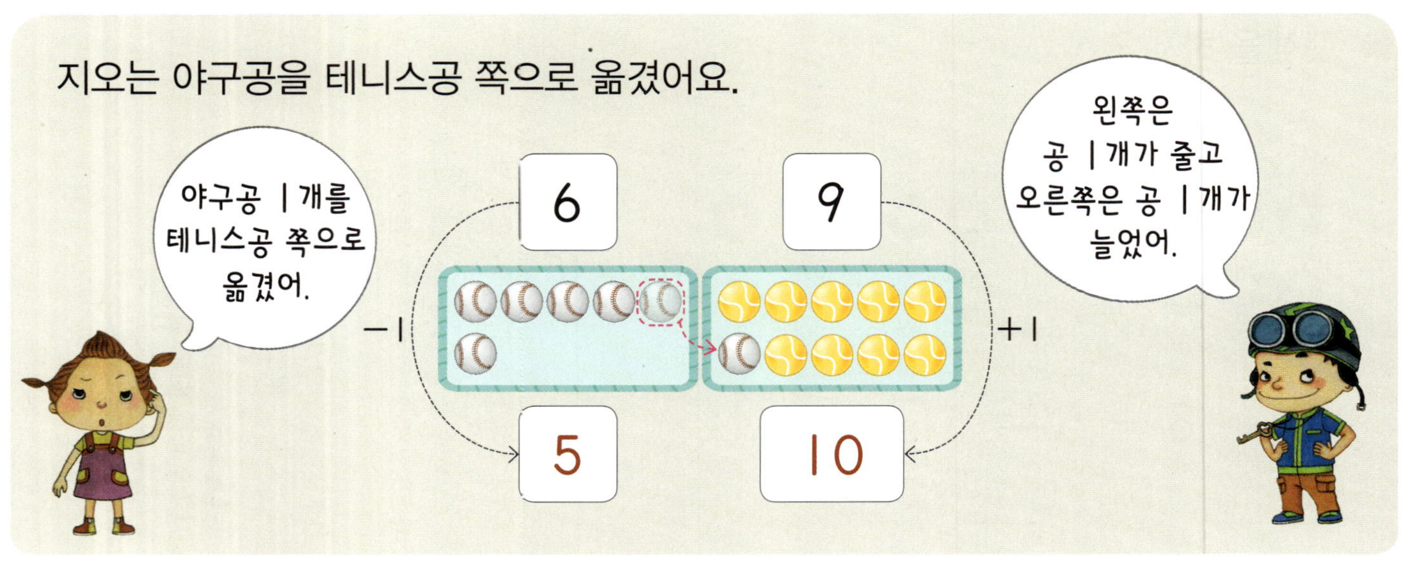

🌳 ☐ 안에 알맞은 수를 쓰세요.

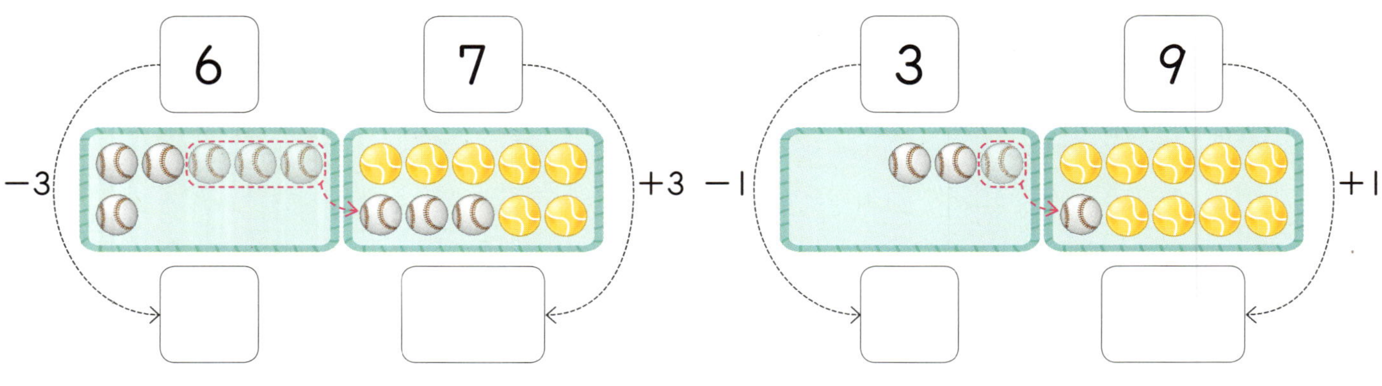

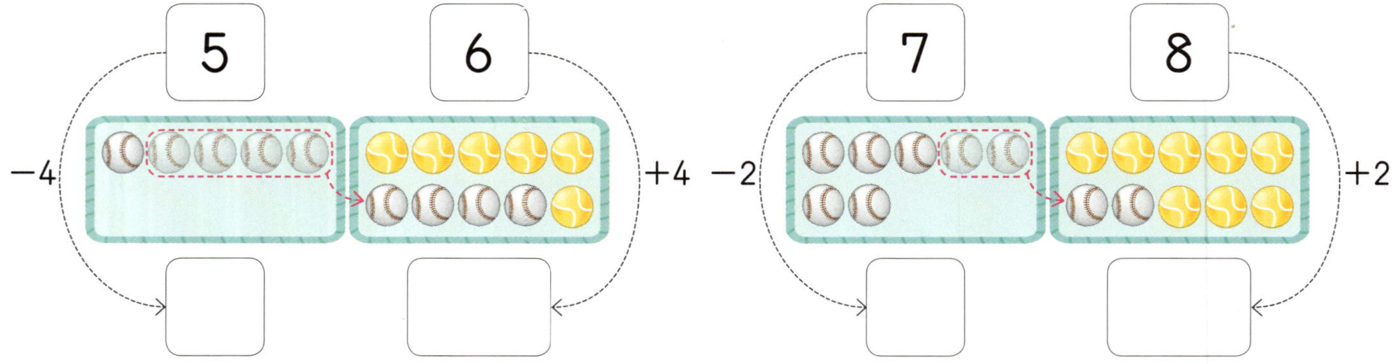

덧셈을 하세요.

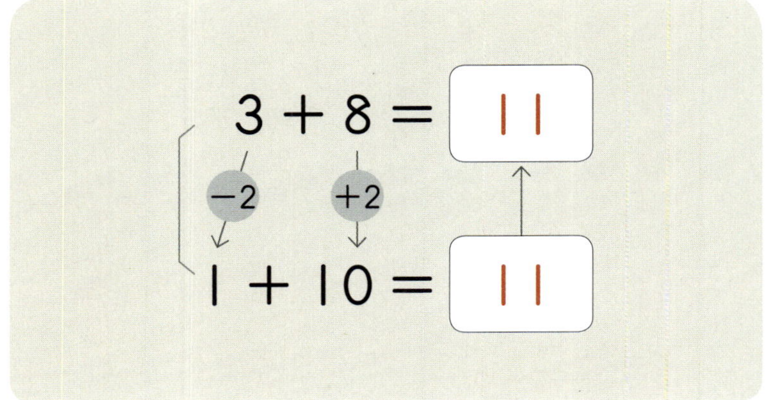

$$5 + 7 = \boxed{}$$
$$-3 \quad +3$$
$$2 + 10 = \boxed{}$$

$$4 + 9 = \boxed{}$$
$$-1 \quad +1$$
$$3 + 10 = \boxed{}$$

$$5 + 8 = \boxed{}$$
$$-2 \quad +2$$
$$3 + 10 = \boxed{}$$

$$4 + 7 = \boxed{}$$
$$-3 \quad +3$$
$$1 + 10 = \boxed{}$$

$$6 + 8 = \boxed{}$$
$$-2 \quad +2$$
$$4 + 10 = \boxed{}$$

$$9 + 9 = \boxed{}$$
$$-1 \quad +1$$
$$8 + 10 = \boxed{}$$

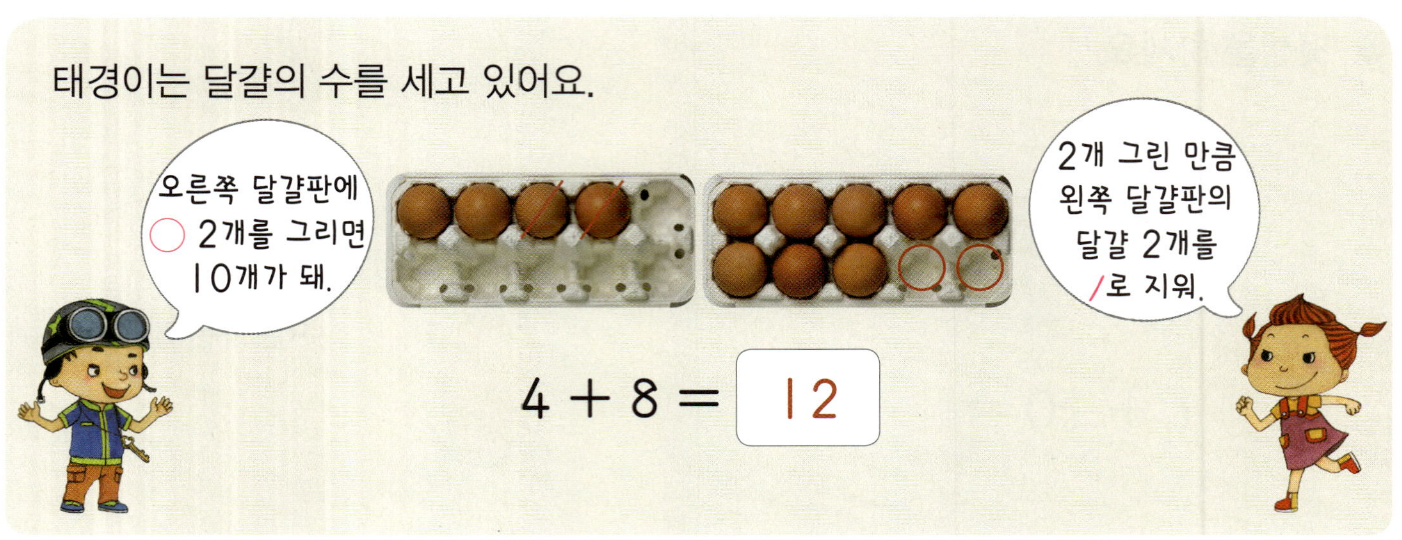

🌳 오른쪽 달걀이 10개가 되도록 ◯를 그리고 그린 만큼 왼쪽 달걀을 /로 지워 덧셈을 하세요.

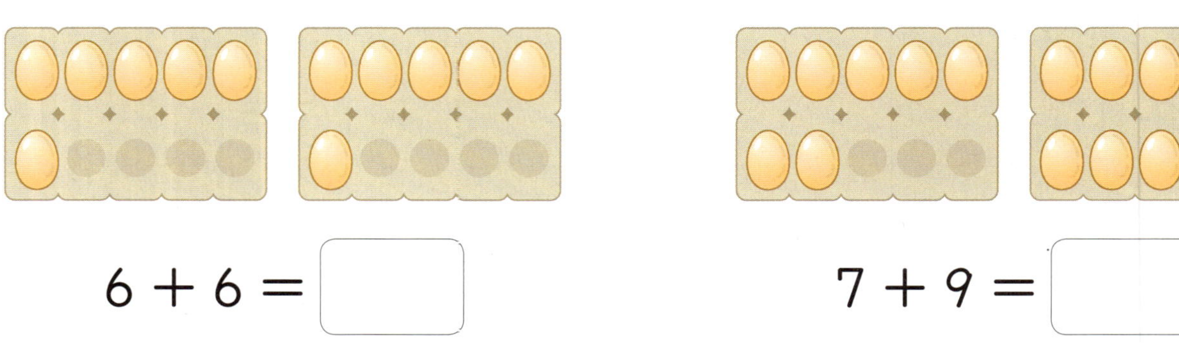

6 + 6 =

7 + 9 =

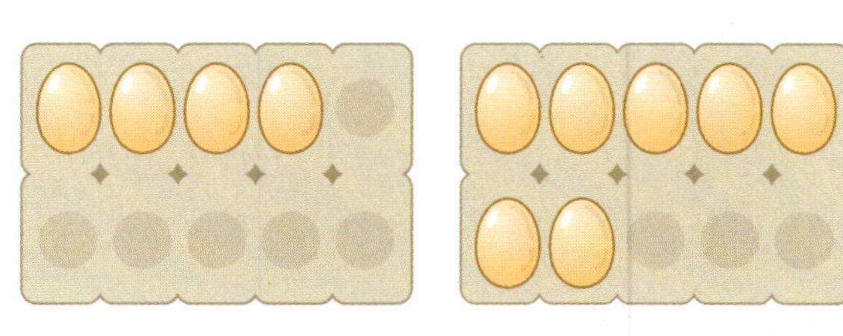

8 + 8 =

4 + 7 =

● 덧셈을 하세요.

$$7 + 8 = \boxed{15}$$

$5 + 8 = \boxed{}$　　　　$6 + 9 = \boxed{}$

$3 + 9 = \boxed{}$　　　　$7 + 7 = \boxed{}$

$8 + 9 = \boxed{}$　　　　$5 + 9 = \boxed{}$

$5 + 6 = \boxed{}$　　　　$8 + 8 = \boxed{}$

큰 수를 10 만들어 더하기

큰 울타리 안에 사슴이 10마리가 되도록 옮겼어요. ☐ 안에 알맞은 수를 쓰세요.

안에 알맞은 수를 쓰세요.

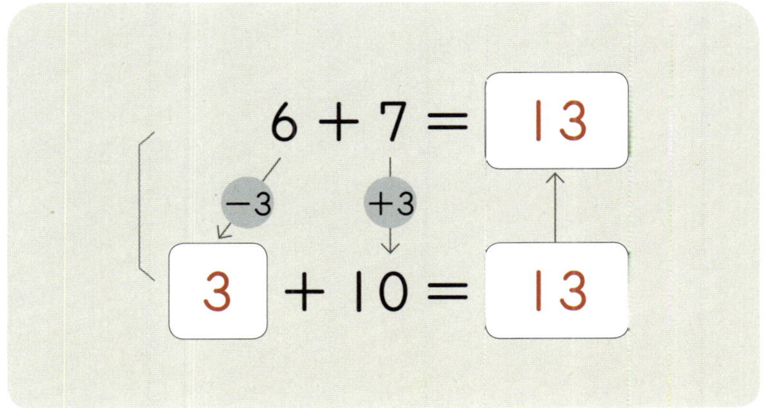
6 + 7 = 13
−3   +3
3 + 10 = 13

큰 수 7에 3을 더해 10을 만들었어.

5 + 7 =
−3   +3
+ 10 =

8 + 3 =
+2   −2
10 + =

2 + 9 =
−1   +1
+ 10 =

9 + 7 =
+1   −1
10 + =

7 + 8 =
−2   +2
+ 10 =

8 + 5 =
+2   −2
10 + =

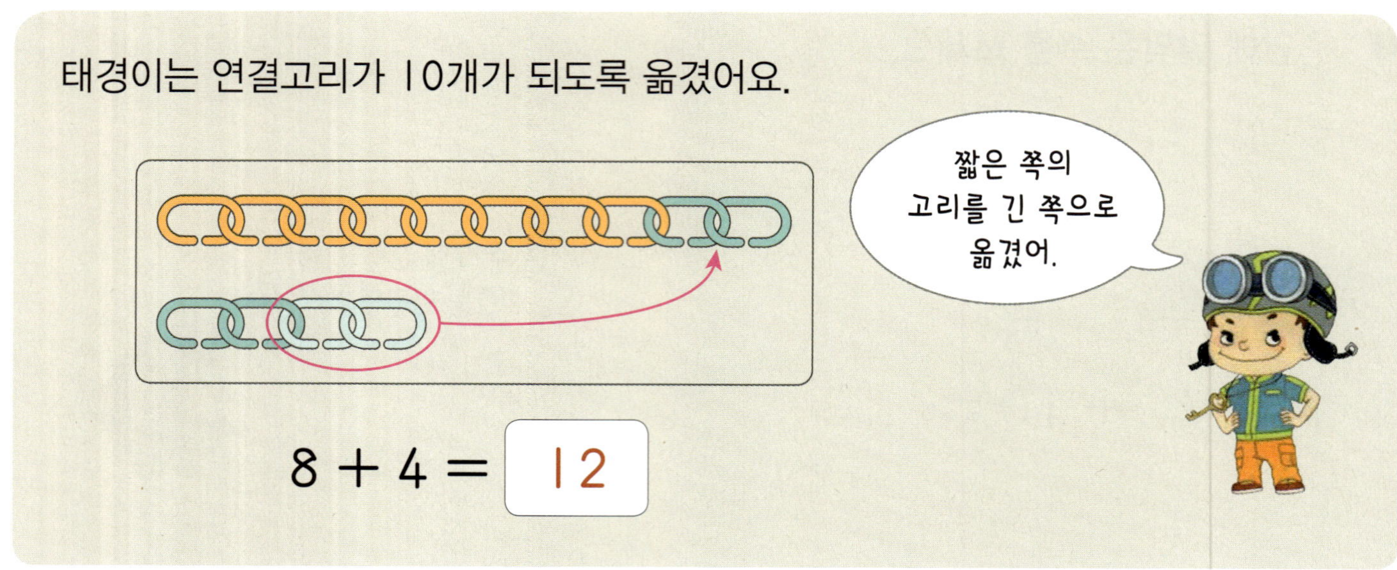

태경이는 연결고리가 10개가 되도록 옮겼어요.

8 + 4 = 12

🌳 그림을 보고 덧셈을 하세요.

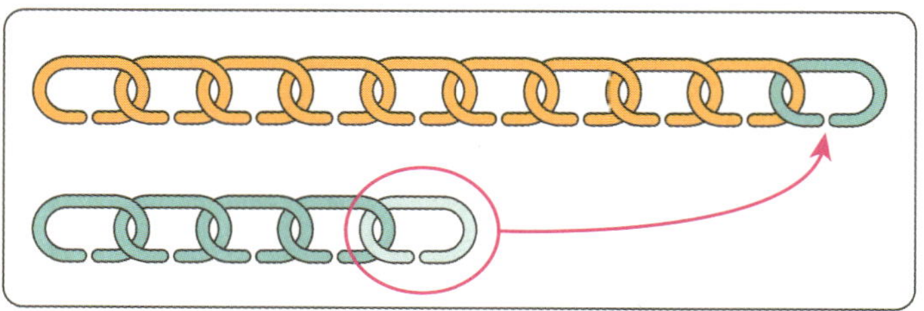

9 + 5 =

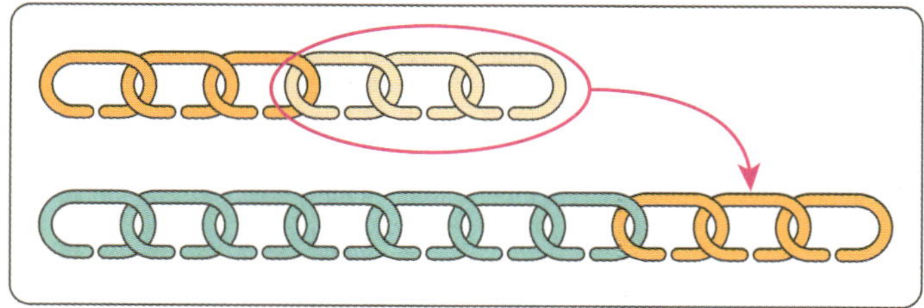

6 + 7 =

5 + 8 =

$$8 + 3 = \boxed{11}$$

$$10 + 1 = 11$$

$4 + 7 = \boxed{}$

$6 + 9 = \boxed{}$

$9 + 8 = \boxed{}$

$7 + 5 = \boxed{}$

$4 + 9 = \boxed{}$

$8 + 6 = \boxed{}$

$6 + 5 = \boxed{}$

$7 + 9 = \boxed{}$

무엇을 배웠을까요

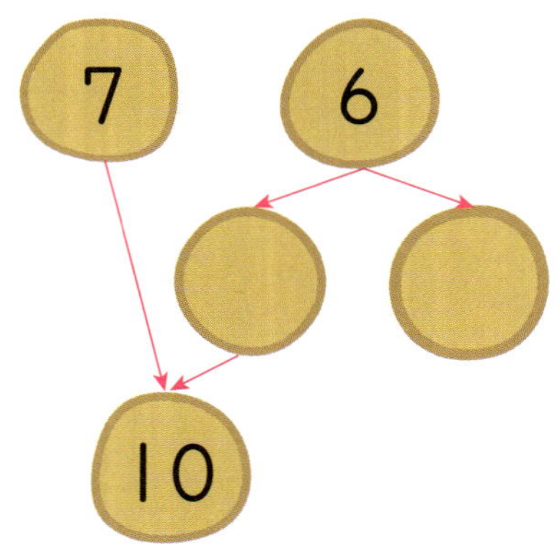

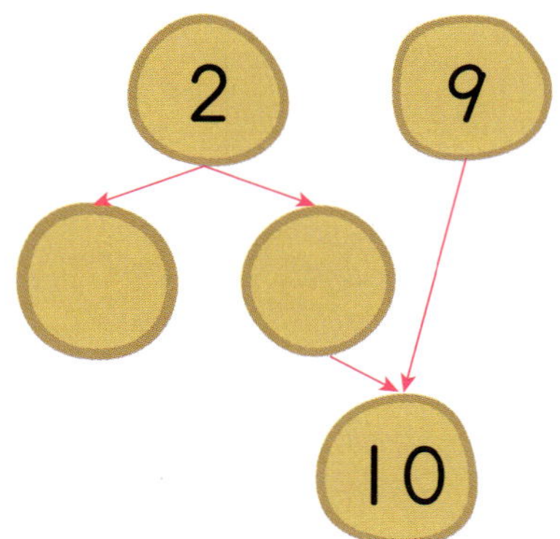

큰 수와 더해 10이 되도록 작은 수를 가른 다음 덧셈을 하세요.

$$5 + 8 = \boxed{}$$

$$9 + 7 = \boxed{}$$

안에 알맞은 수를 쓰세요.

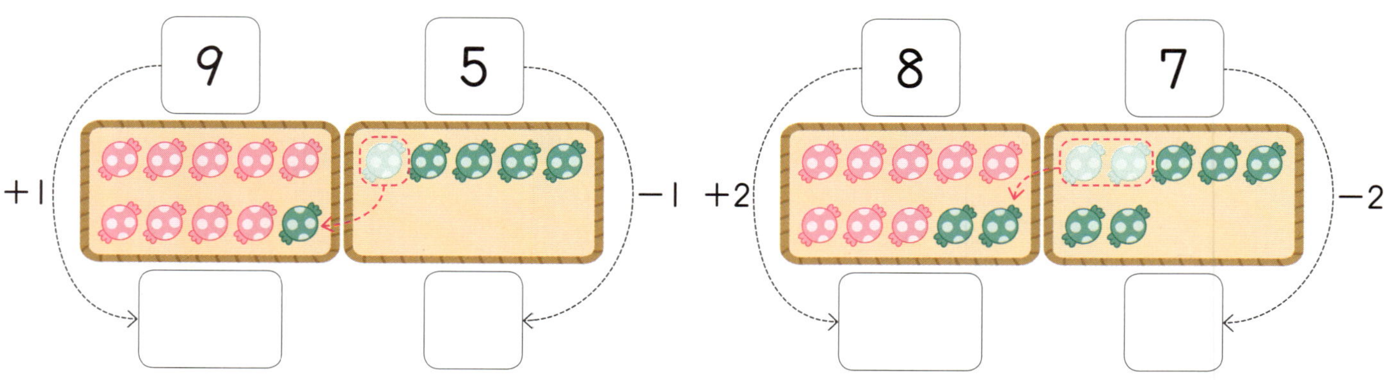

🔺 오른쪽 달걀이 10개가 되도록 ○를 그리고 그린 만큼 왼쪽 달걀을 /로 지워 덧셈을 하세요.

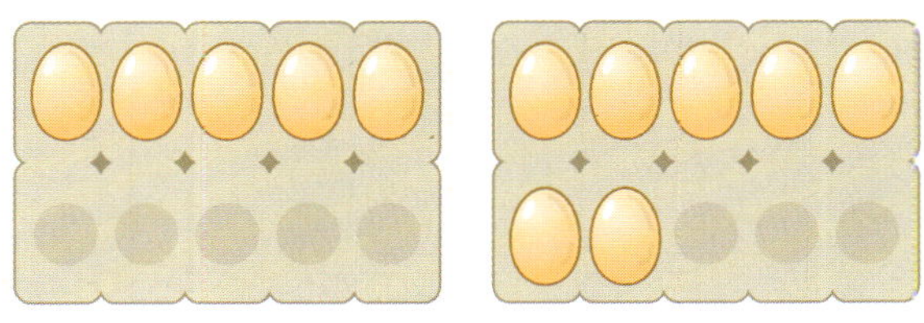

$$5 + 7 = \boxed{}$$

$$8 + 9 = \boxed{}$$

🔺 덧셈을 하세요.

$$6 + 5 = \boxed{}$$
$$+4 \qquad -4$$
$$10 + 1 = \boxed{}$$

$$4 + 8 = \boxed{}$$
$$-2 \qquad +2$$
$$2 + 10 = \boxed{}$$

🔺 ☐ 안에 알맞은 수를 쓰세요.

$$6 + 8 = \boxed{}$$
$$-2 \qquad +2$$
$$\boxed{} + 10 = \boxed{}$$

$$9 + 4 = \boxed{}$$
$$+1 \qquad -1$$
$$10 + \boxed{} = \boxed{}$$

연산력 게임

숫자 카드를 찾아요

두 숫자 카드의 합은 얼마일까요?

덧셈을 하여 오른쪽에서 알맞은 수를 찾아 손가락으로 누르세요.
11을 누르면 정답입니다.

자물쇠를 열려면 어느 열쇠가 필요할까요?

덧셈을 하여 오른쪽에서 알맞은 수를 찾아 손가락으로 누르세요.
11을 누르면 정답입니다.

열려라 자물쇠

받아올림이 있는 덧셈

▶ 연산 보충 학습(107~108쪽)에서 더 풀어 보세요.

학부모 지도 가이드

이번 차시에서는 받아올림이 있는 덧셈을 반복적으로 연습하고 덧셈의 다양한 활용 문제를 공부합니다. 가로셈뿐만 아니라 세로셈으로 계산하는 과정을 습득하게 하고, 벌레 먹은 셈으로 빠진 수를 찾아보는 연습을 할 수 있도록 지도해 주세요.

가로셈과 세로셈

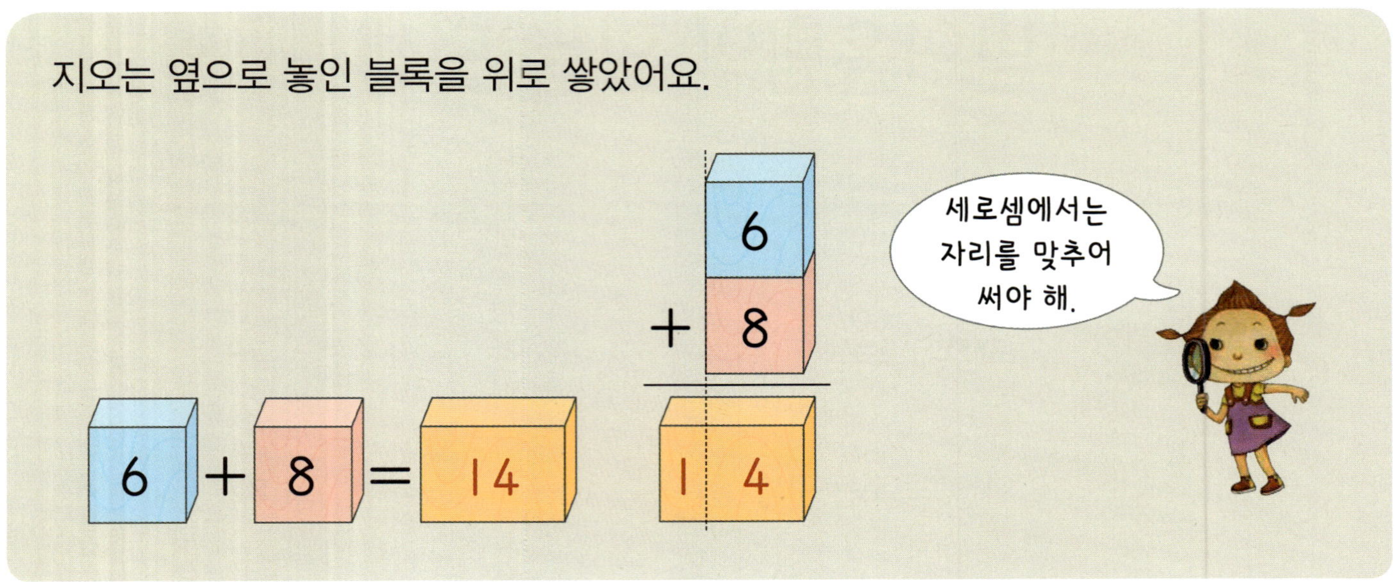

🌳 ☐ 안에 알맞은 수를 쓰세요.

$$8 + 3 = \boxed{}$$

$$\begin{array}{r} 8 \\ +\ 3 \\ \hline \boxed{} \end{array}$$

$$5 + 9 = \boxed{}$$

$$\begin{array}{r} 5 \\ +\ 9 \\ \hline \boxed{} \end{array}$$

$$7 + 6 = \boxed{}$$

$$\begin{array}{r} 7 \\ +\ 6 \\ \hline \boxed{} \end{array}$$

$$9 + 6 = \boxed{}$$

$$\begin{array}{r} 9 \\ +\ 6 \\ \hline \boxed{} \end{array}$$

덧셈을 하세요.

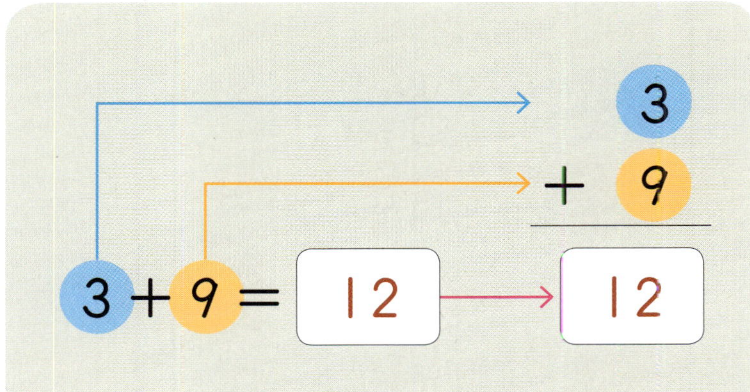

$$3 + 9 = \boxed{12} \longrightarrow \boxed{12}$$

$$8 + 5 = \boxed{} \qquad \begin{array}{r} 8 \\ + 5 \\ \hline \boxed{} \end{array}$$

$$5 + 6 = \boxed{} \qquad \begin{array}{r} 5 \\ + 6 \\ \hline \boxed{} \end{array}$$

$$8 + 9 = \boxed{} \qquad \begin{array}{r} 8 \\ + 9 \\ \hline \boxed{} \end{array}$$

$$9 + 5 = \boxed{} \qquad \begin{array}{r} 9 \\ + 5 \\ \hline \boxed{} \end{array}$$

$$5 + 7 = \boxed{} \qquad \begin{array}{r} 5 \\ + 7 \\ \hline \boxed{} \end{array}$$

$$7 + 4 = \boxed{} \qquad \begin{array}{r} 7 \\ + 4 \\ \hline \boxed{} \end{array}$$

태경이는 가로와 세로로 퍼즐을 맞추고 있어요.

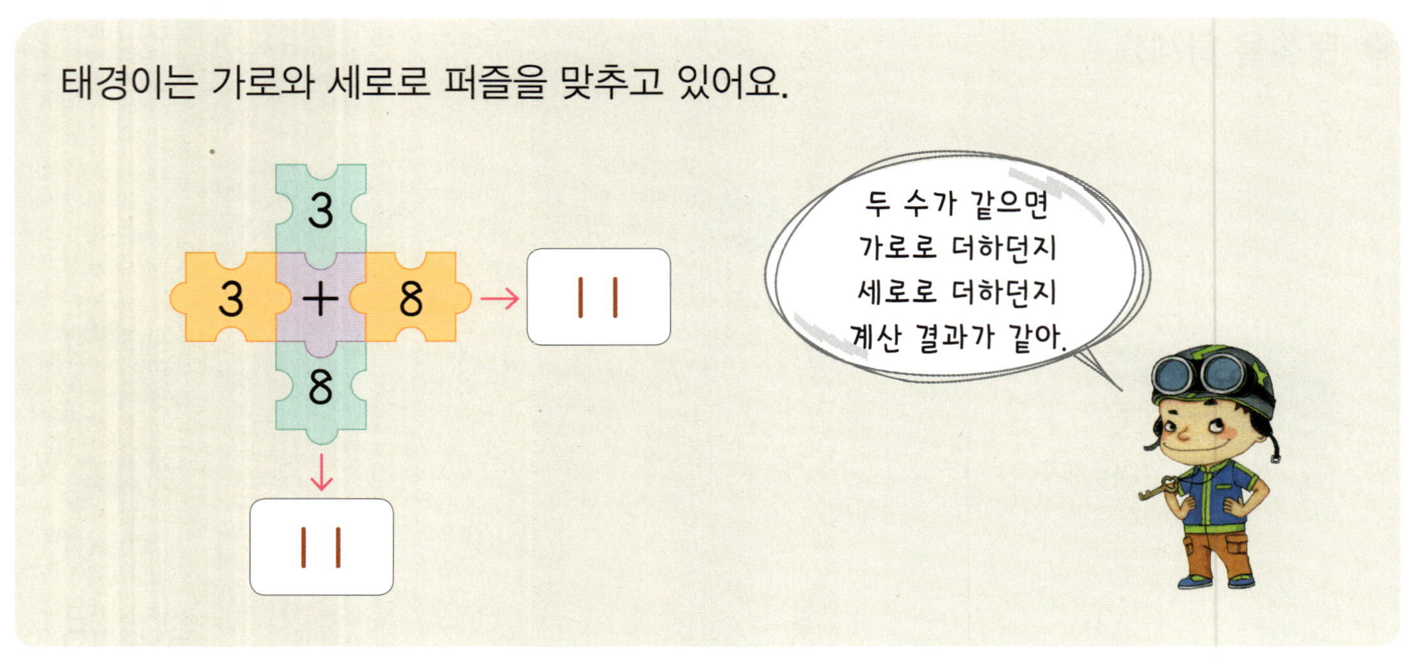

🌳 가로와 세로로 각각 두 수를 더하여 ▢ 안에 쓰세요.

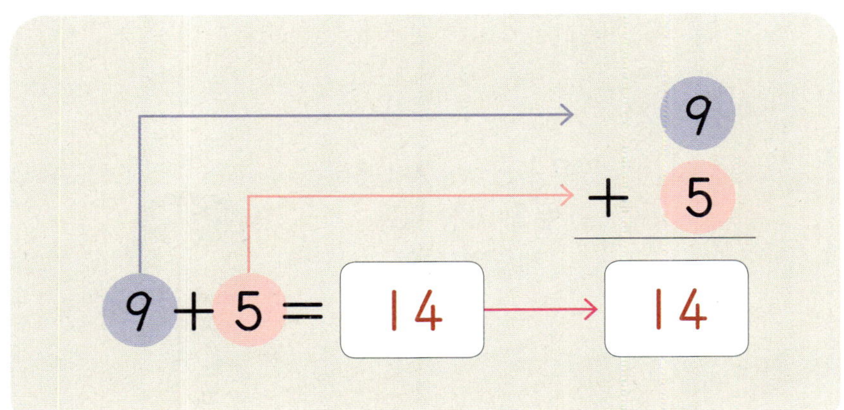

$$\begin{array}{r} 4 \\ +\ 8 \\ \hline \end{array} \qquad \begin{array}{r} 7 \\ +\ 7 \\ \hline \end{array} \qquad \begin{array}{r} 9 \\ +\ 6 \\ \hline \end{array}$$

$$\begin{array}{r} 7 \\ +\ 6 \\ \hline \end{array} \qquad \begin{array}{r} 4 \\ +\ 7 \\ \hline \end{array} \qquad \begin{array}{r} 8 \\ +\ 8 \\ \hline \end{array}$$

$$\begin{array}{r} 7 \\ +\ 8 \\ \hline \end{array} \qquad \begin{array}{r} 4 \\ +\ 9 \\ \hline \end{array} \qquad \begin{array}{r} 9 \\ +\ 9 \\ \hline \end{array}$$

공부한 날

월

일

합이 10보다 큰 덧셈

🌳 덧셈을 하여 나온 결과에 ◯표 하세요.

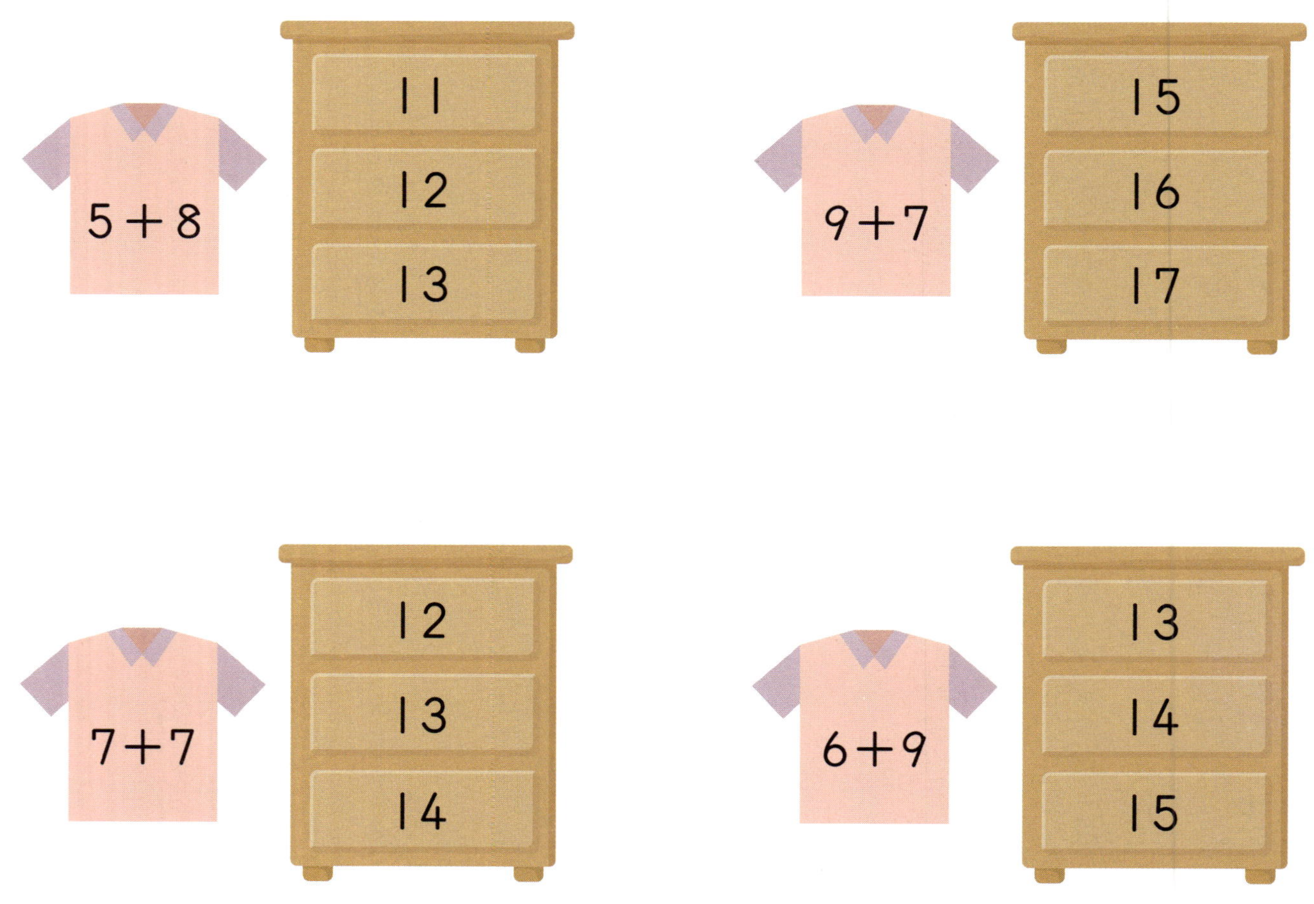

● 덧셈을 하세요.

$$6 + 5 = \boxed{11}$$

6+4+1

10+1=11

$3 + 9 = \boxed{}$ $8 + 7 = \boxed{}$

$7 + 6 = \boxed{}$ $9 + 8 = \boxed{}$

$5 + 9 = \boxed{}$ $6 + 8 = \boxed{}$

$8 + 3 = \boxed{}$ $4 + 9 = \boxed{}$

갈림길에서 다람쥐가 도토리를 찾으러 가요.

🌱 덧셈의 결과를 찾아 선을 그으세요.

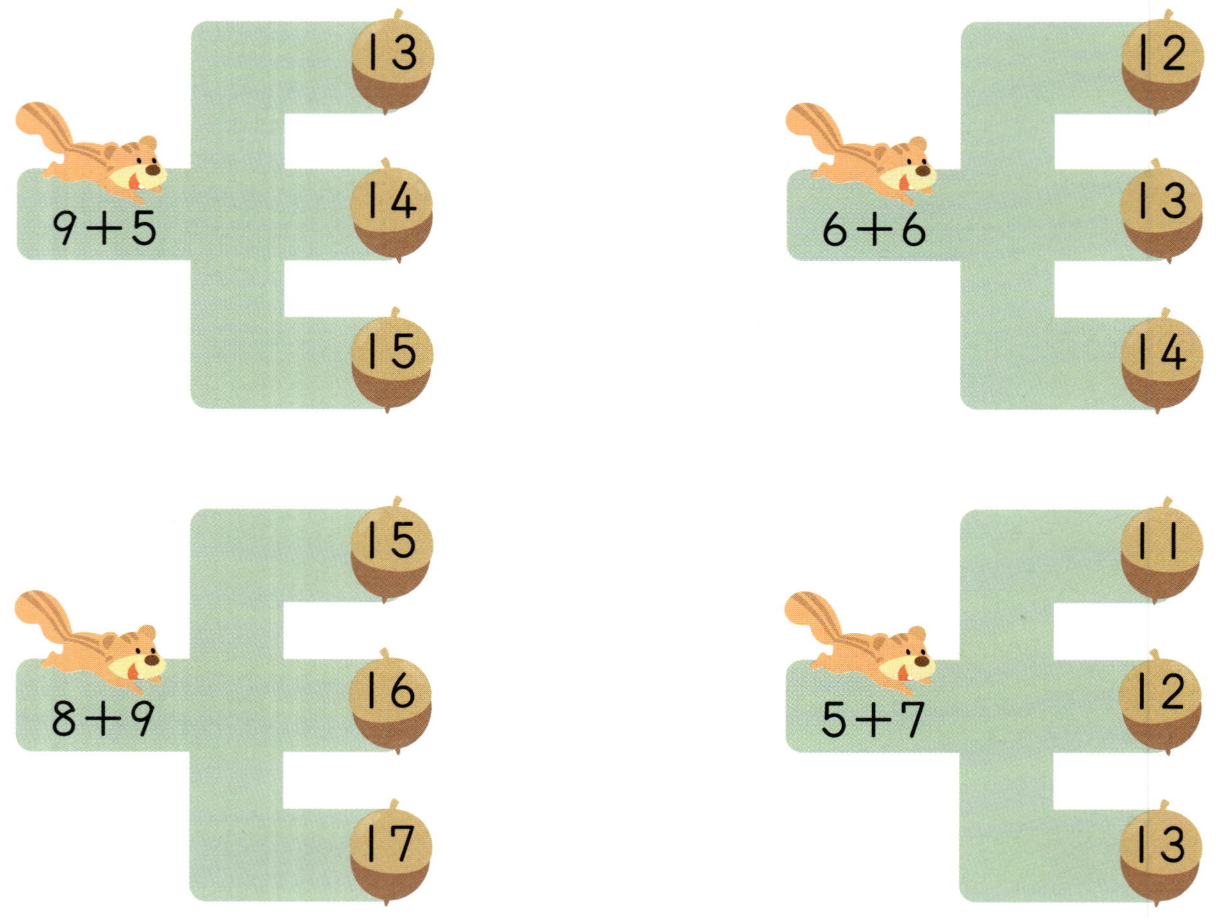

$$5 + 8 = \boxed{13}$$

$$3 + 10 = 13$$

$7 + 4 = \boxed{}$

$6 + 9 = \boxed{}$

$6 + 7 = \boxed{}$

$9 + 7 = \boxed{}$

$8 + 4 = \boxed{}$

$7 + 7 = \boxed{}$

$9 + 9 = \boxed{}$

$6 + 8 = \boxed{}$

공부한 날

월

일

198 벌레 먹은 셈

벌레가 나뭇잎을 갉아먹어서 숫자가 없어졌어요.

[2] [7]

$$\begin{array}{r} \boxed{7} \\ +\ 5 \\ \hline 1\boxed{2} \end{array}$$

숫자를 ☐ 안에 넣어 봐.
2+5=7
7+5=12

주어진 숫자를 ☐ 안에 쓰고 식을 완성하세요.

[1] [8]

$$\begin{array}{r} 6 \\ +\ \square \\ \hline \square 4 \end{array}$$

[1] [9]

$$\begin{array}{r} \square \\ +\ 9 \\ \hline \square 8 \end{array}$$

[5] [8]

$$\begin{array}{r} \square \\ +\ 7 \\ \hline 1\square \end{array}$$

[3] [7]

$$\begin{array}{r} 6 \\ +\ \square \\ \hline 1\square \end{array}$$

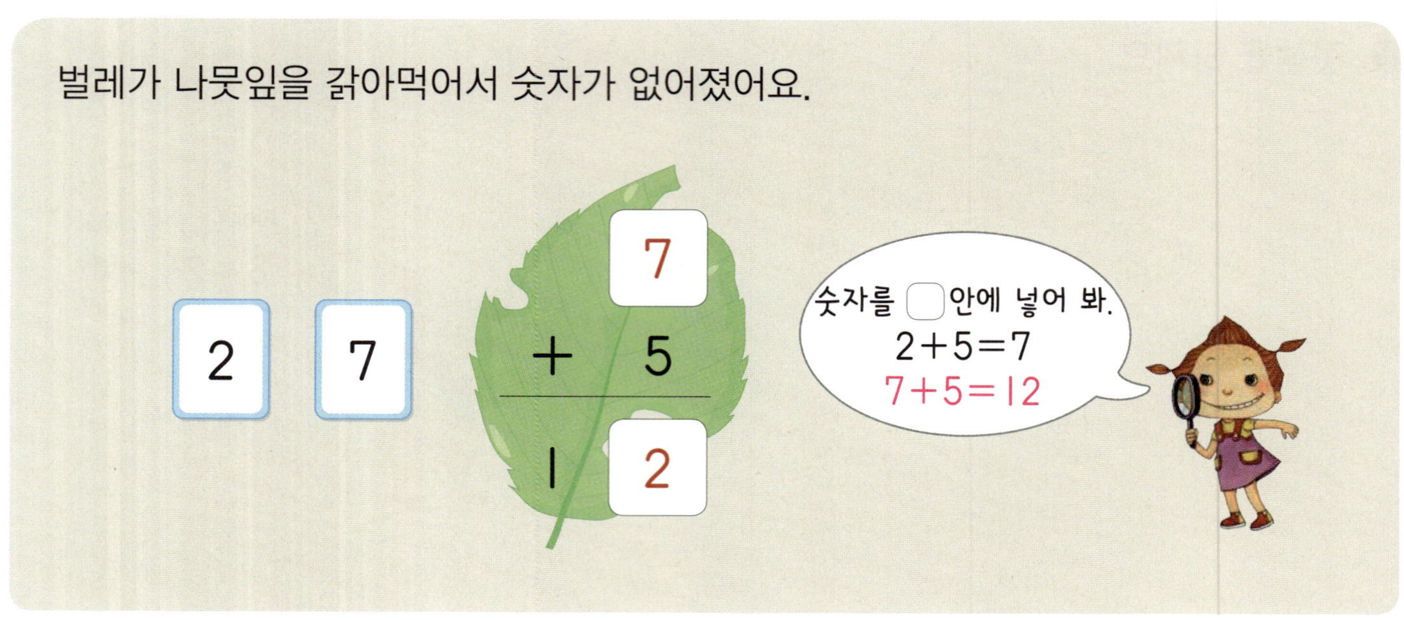

주어진 숫자를 ☐ 안에 쓰고 식을 완성하세요.

십의 자리
숫자는 1이야.

종이가 찢어져서 숫자가 없어졌어요.

5 9

```
   6
+  9
----
 1 5
```

6+5=11
6+9=15

● 주어진 숫자를 ▢ 안에 쓰고 식을 완성하세요.

1 7

```
   8
+  □
----
 □ 5
```

5 1

```
   □
+  9
----
 □ 4
```

9 6

```
   □
+  7
----
 1 □
```

2 8

```
   4
+  □
----
 1 □
```

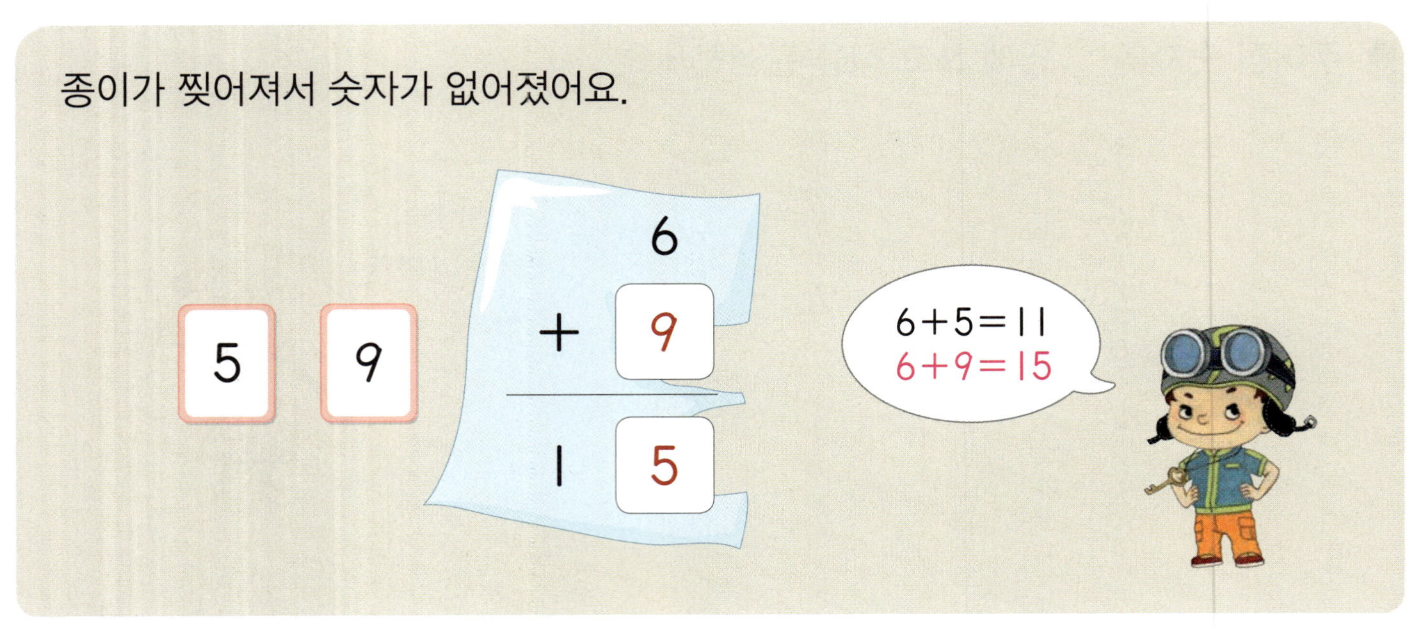

주어진 숫자를 ☐ 안에 쓰고 식을 완성하세요.

공부한 날
월
일

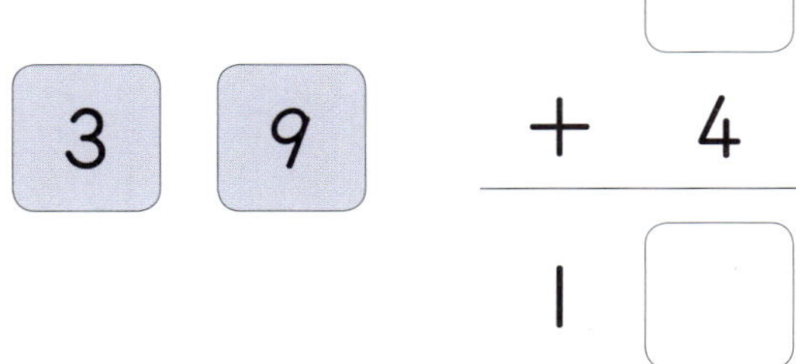

🌳 합이 안의 수가 되는 두 수를 찾아 선으로 이으세요.

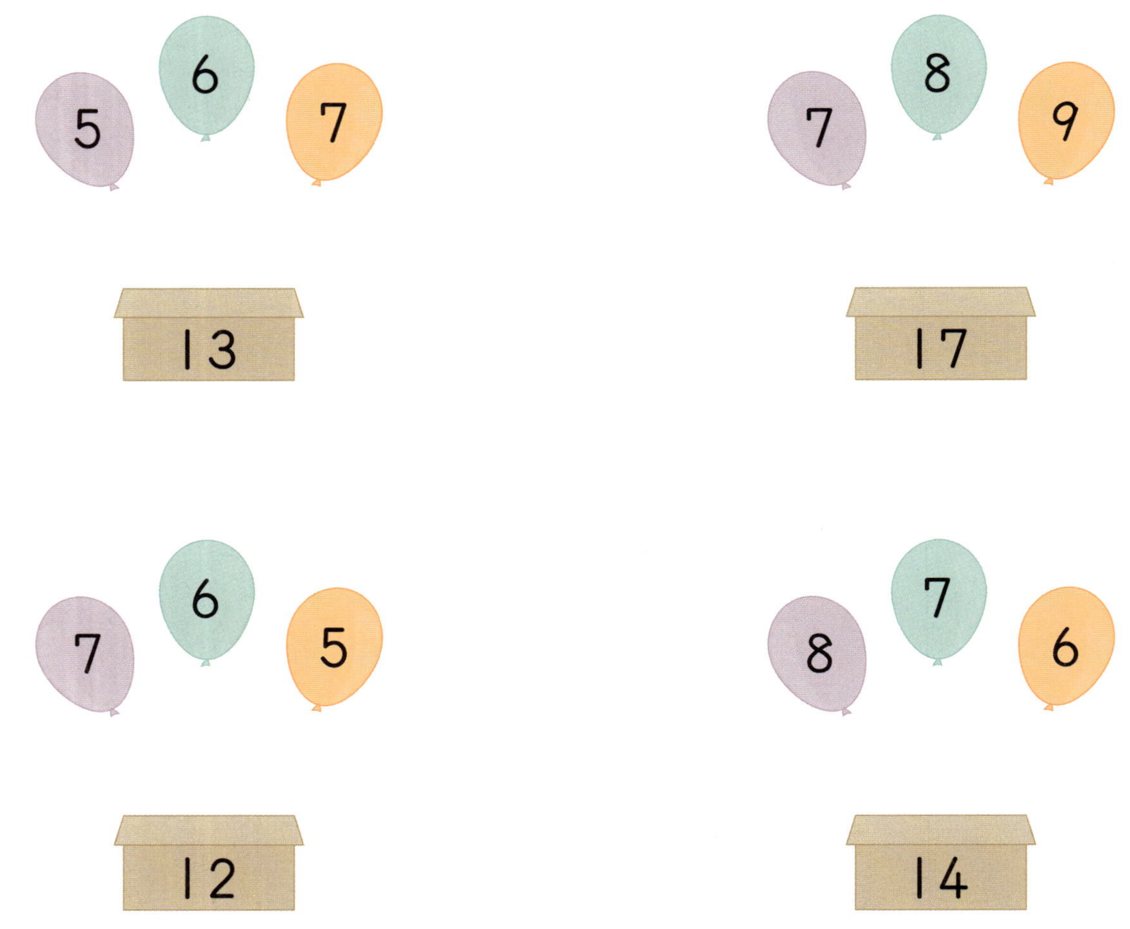

🌱 합이 ⬜ 안의 수가 되는 두 수를 찾아 선으로 이으세요.

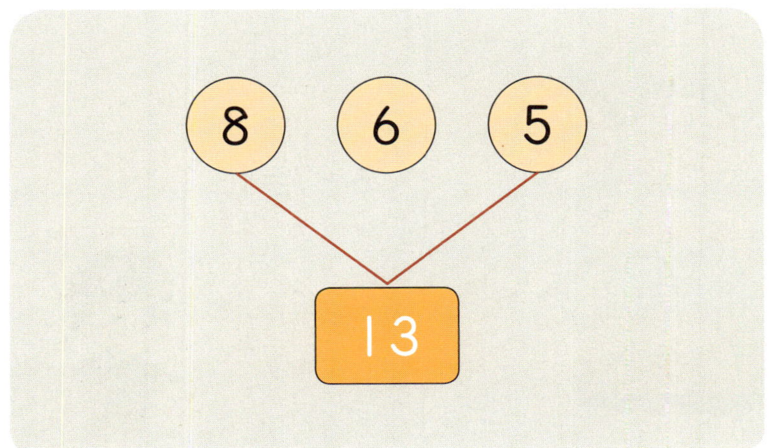

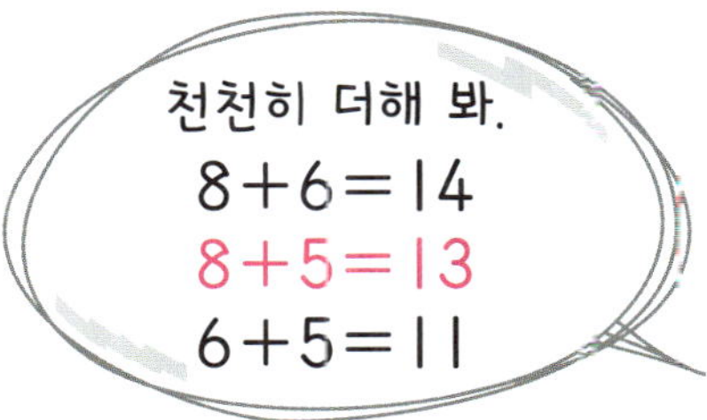

🌳 합이 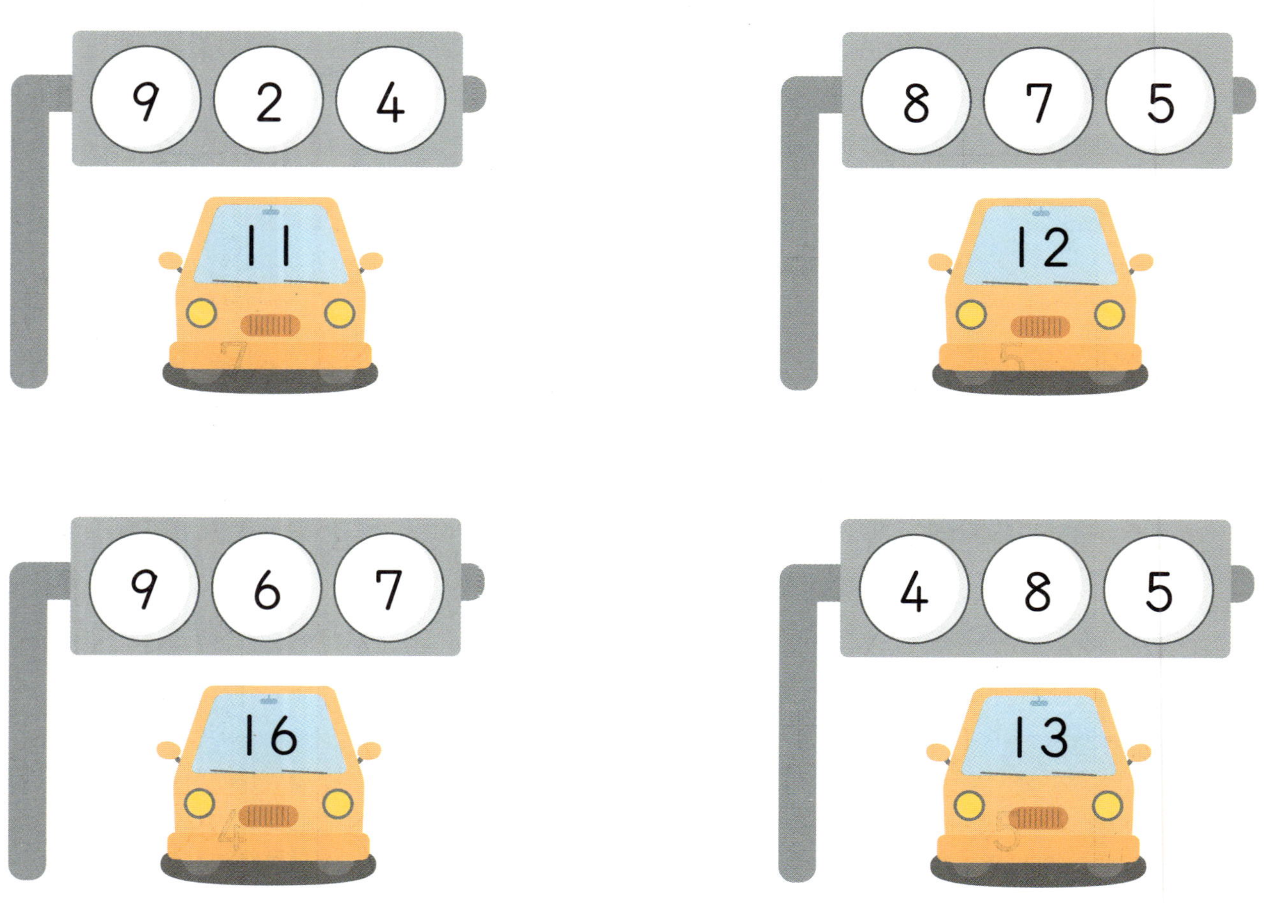 안의 수가 되는 두 수를 찾아 색칠하세요.

합이 [ ] 안의 수가 되는 두 수를 찾아 색칠하세요.

11
5   8   6

이젠 쉽게 찾을 수 있지?
5+8=13
5+6=11
8+6=14

12
6   6   7

14
4   9   5

11
8   5   3

17
9   6   8

15
6   9   7

18
9   8   9

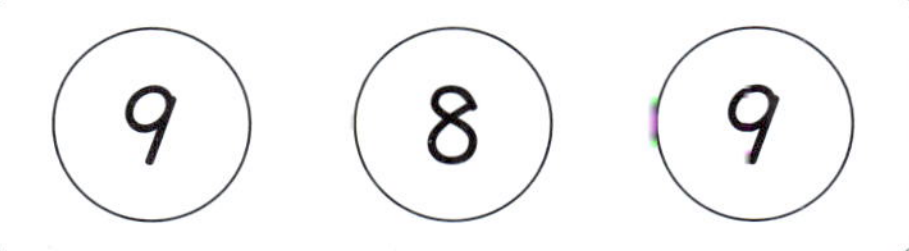

공부한 날
월
일

결과가 같은 식

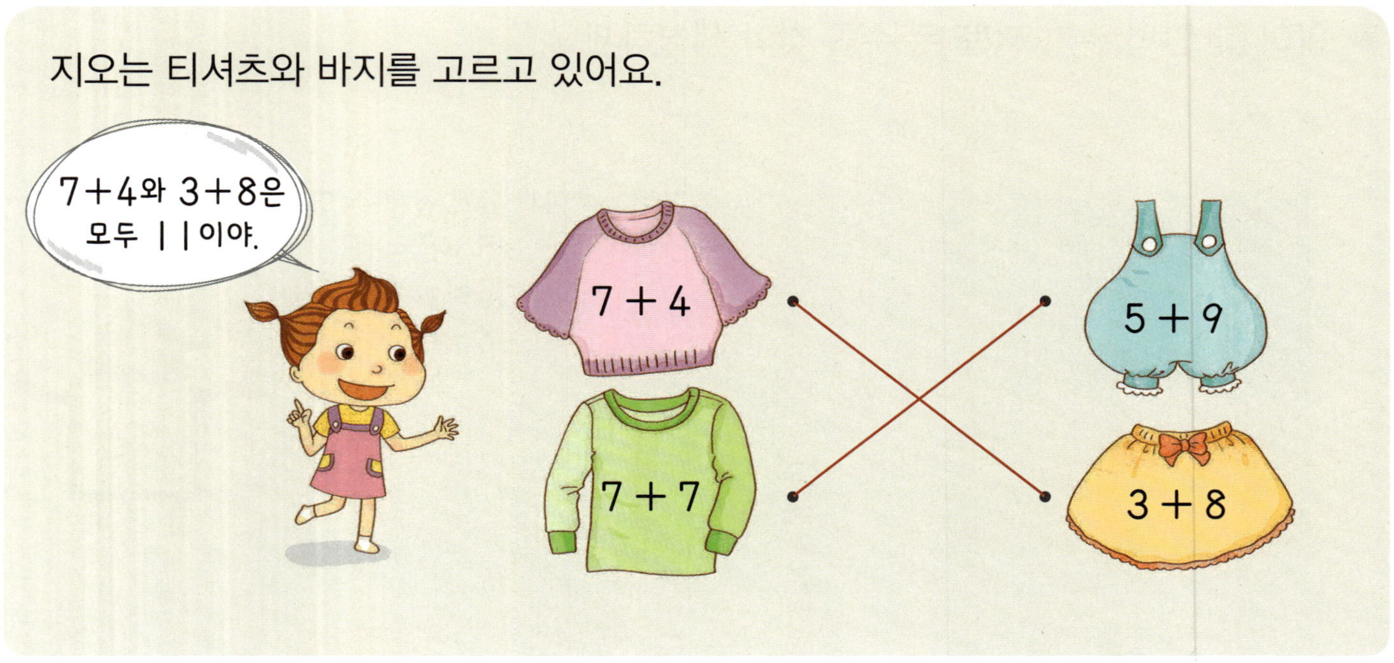

🌳 계산 결과가 같은 식끼리 선으로 이으세요.

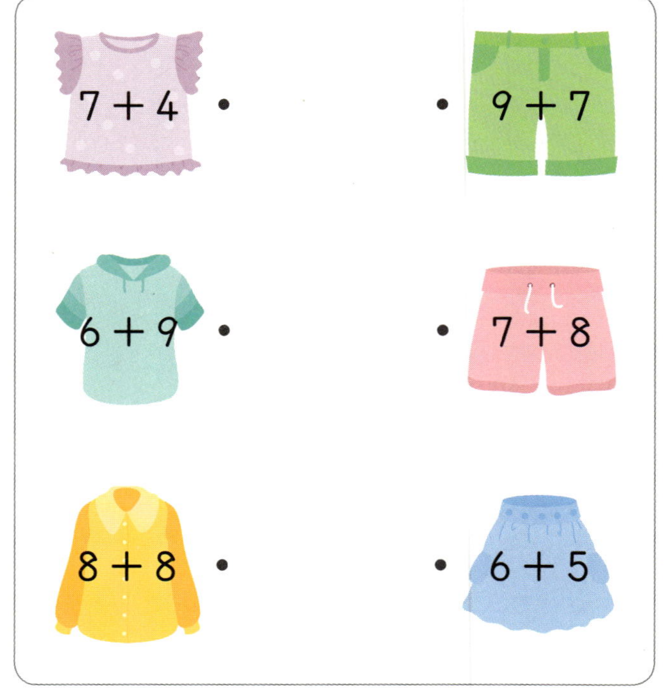

🌲 **계산 결과가 같은 식끼리 선으로 이으세요.**

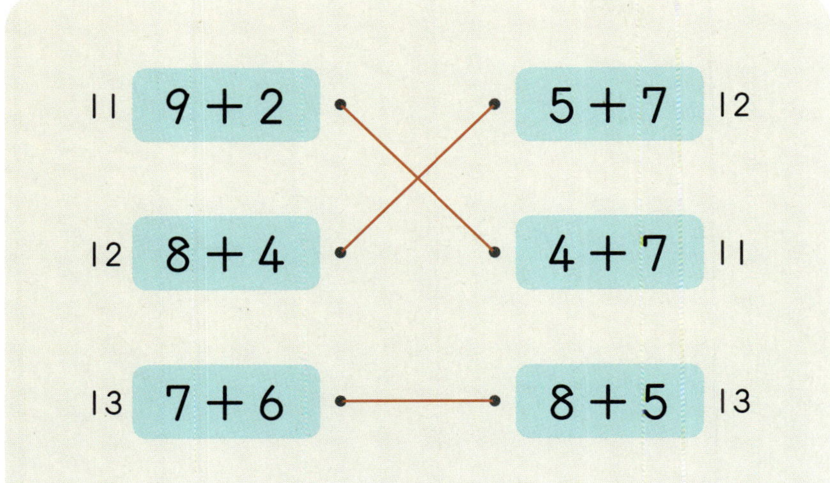

5 + 8	8 + 7
9 + 6	8 + 8
7 + 9	9 + 4

7 + 7	8 + 4
5 + 6	8 + 3
5 + 7	5 + 9

4 + 8	6 + 6
7 + 4	6 + 8
9 + 5	2 + 9

6 + 7	8 + 6
9 + 7	4 + 9
7 + 7	8 + 8

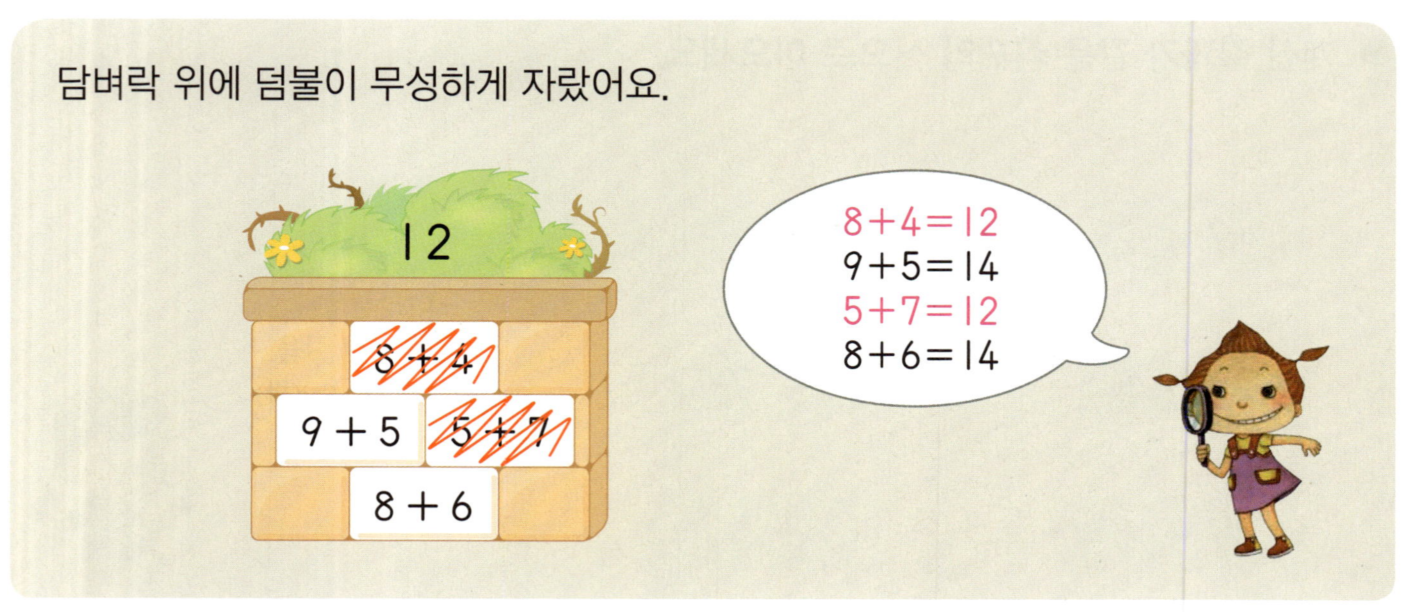

계산 결과가 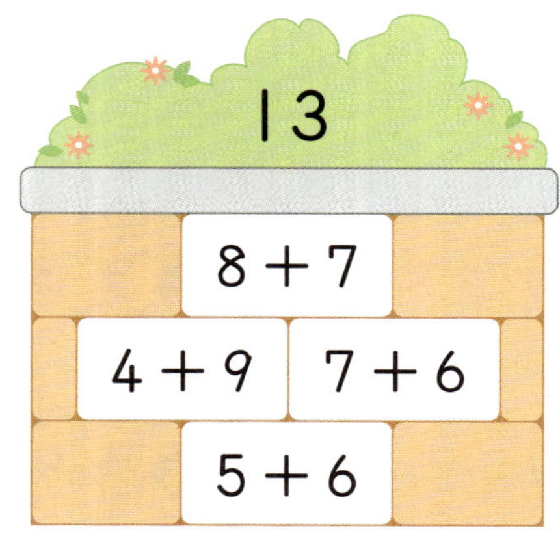 안의 수가 되는 식을 모두 찾아 색칠하세요.

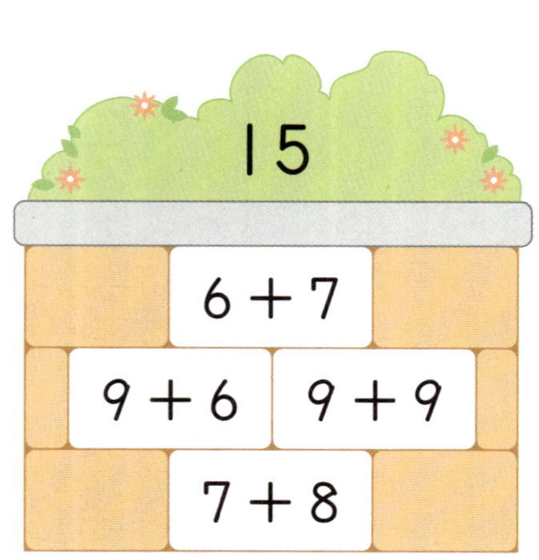

계산 결과가 지붕에 쓰인 수가 되는 식을 모두 찾아 ◯표 하세요.

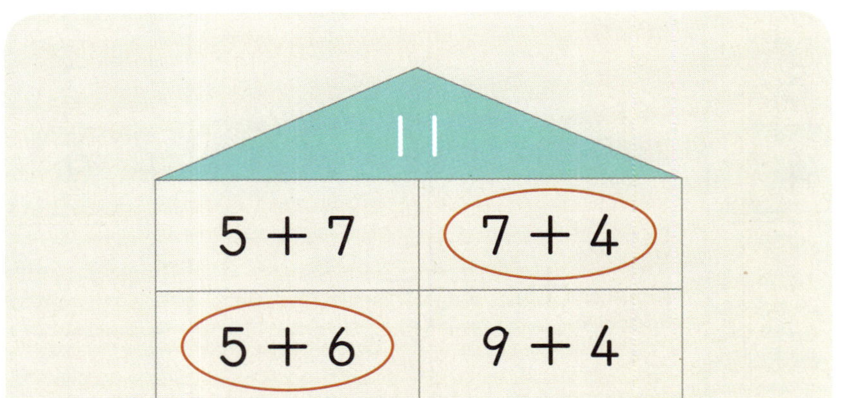

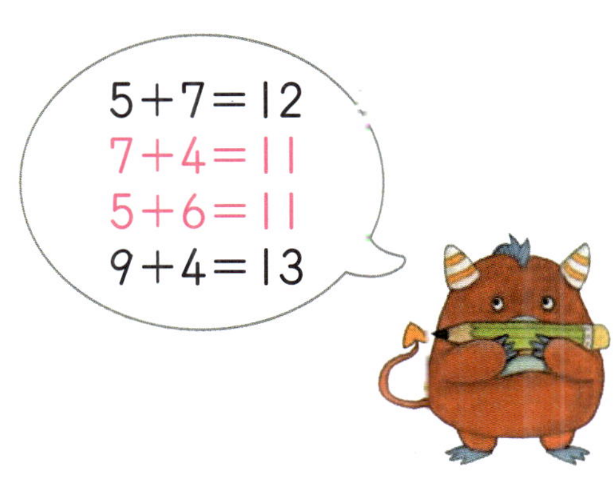

13	
5 + 8	8 + 6
4 + 9	9 + 2

16	
8 + 8	9 + 7
7 + 6	8 + 7

15	
5 + 7	8 + 7
9 + 9	6 + 9

12	
2 + 9	9 + 5
6 + 6	4 + 8

11	
6 + 5	8 + 3
9 + 4	6 + 7

14	
9 + 3	7 + 7
6 + 8	7 + 9

무엇을 배웠을까요

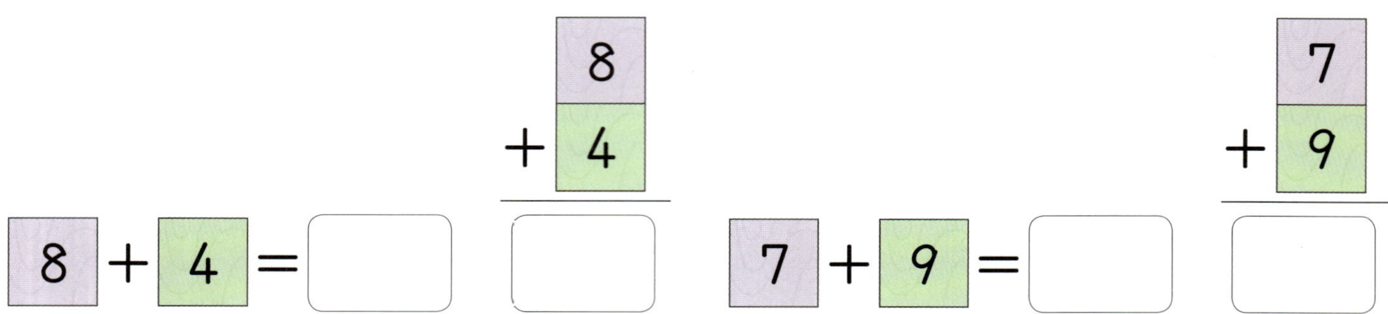

▲ 가로와 세로로 각각 두 수를 더하여 ☐ 안에 쓰세요.

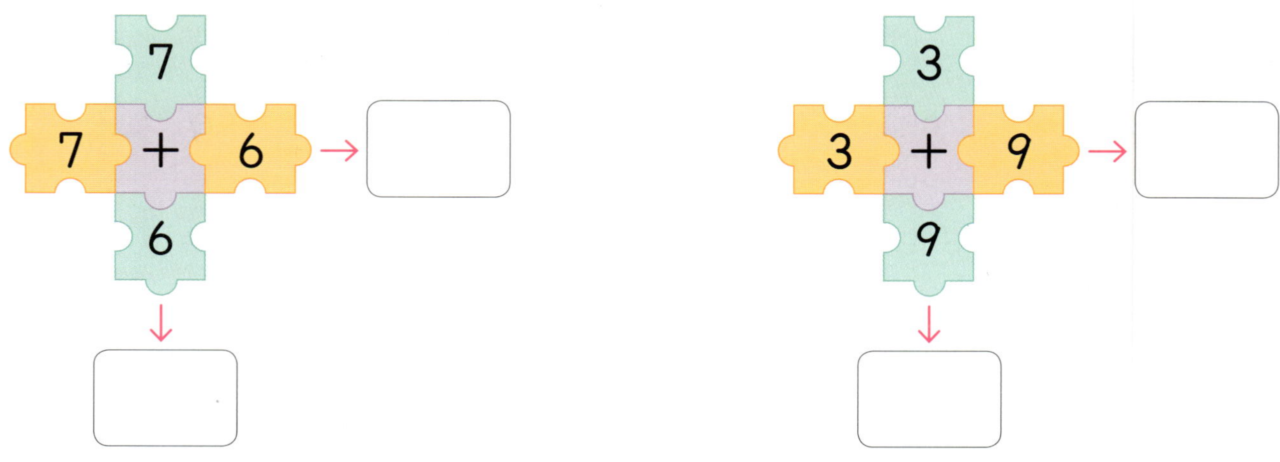

▲ 덧셈을 하여 나온 결과에 ◯표 하세요.

🌲 주어진 숫자를 ☐ 안에 쓰고 식을 완성하세요.

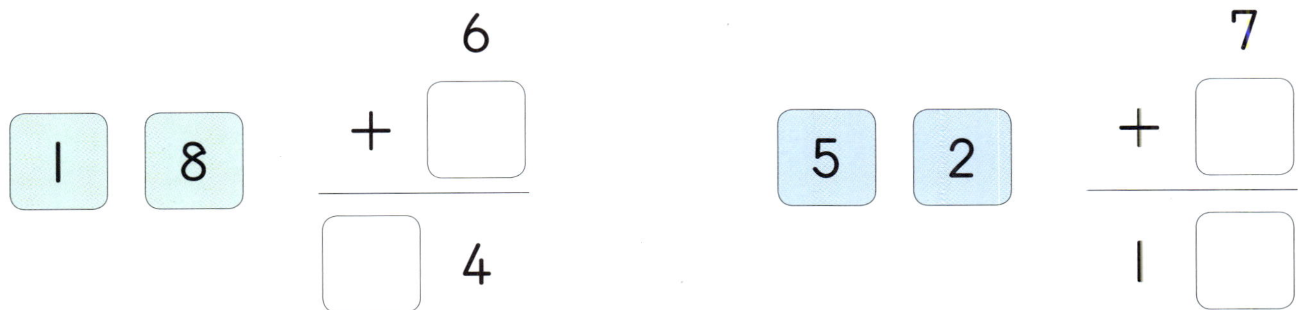

🌲 합이 ⬜ 안의 수가 되는 두 수를 찾아 선으로 이으세요.

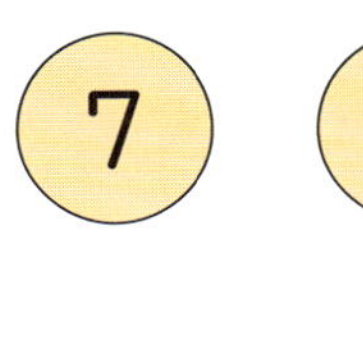       

🌲 계산 결과가 같은 식끼리 선으로 이으세요.

$5+6$ •	• $8+5$	$8+8$ •	• $7+8$
$4+8$ •	• $6+6$	$9+6$ •	• $9+7$
$6+7$ •	• $7+4$	$7+7$ •	• $6+8$

연산력 게임

QR코드를 찍으면 다양한 연산 게임을 할 수 있어요.

메모장에 적힌 식을 계산해 볼까요?

오른쪽의 키패드로 알맞은 수를 입력한 뒤 확인 버튼을 누르세요.
1, 2, 확인 버튼을 누르면 정답입니다.

더해서 저울에 쓰여 있는 수가 되는 공 2개를 찾아보세요.

오른쪽에서 알맞은 수를 찾아 손가락으로 끌어서 저울 위에 올리세요.
6과 7을 올리면 정답입니다.

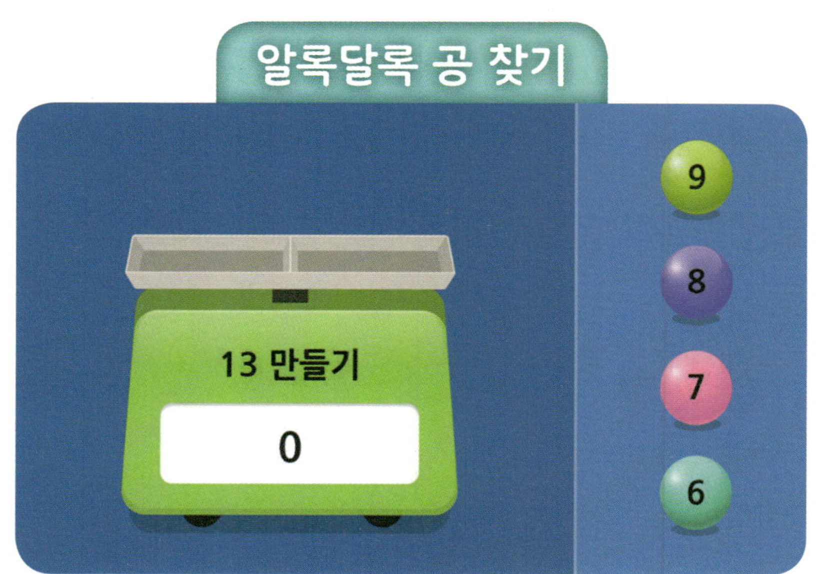

연산 보충 학습

관련 쪽수: 6~27쪽

❖ 덧셈을 하세요.

$5 + 6 =$ ☐ $4 + 8 =$ ☐

$7 + 7 =$ ☐ $6 + 9 =$ ☐

$9 + 4 =$ ☐ $7 + 5 =$ ☐

$8 + 6 =$ ☐ $9 + 8 =$ ☐

$$\begin{array}{r} 7 \\ +\ 4 \\ \hline \end{array}$$ $$\begin{array}{r} 5 \\ +\ 9 \\ \hline \end{array}$$ $$\begin{array}{r} 8 \\ +\ 7 \\ \hline \end{array}$$

$$\begin{array}{r} 8 \\ +\ 5 \\ \hline \end{array}$$ $$\begin{array}{r} 9 \\ +\ 7 \\ \hline \end{array}$$ $$\begin{array}{r} 3 \\ +\ 9 \\ \hline \end{array}$$

❖ ☐ 안에 알맞은 수를 쓰세요.

$5 + \boxed{} = 11$

$\boxed{} + 8 = 16$

$3 + \boxed{} = 12$

$\boxed{} + 9 = 13$

$9 + \boxed{} = 16$

$\boxed{} + 7 = 12$

$5 + \boxed{} = 14$

$\boxed{} + 8 = 15$

$7 + \boxed{} = 13$

$\boxed{} + 6 = 14$

$8 + \boxed{} = 12$

$\boxed{} + 9 = 17$

$6 + \boxed{} = 15$

$\boxed{} + 4 = 11$

10을 이용한 더하기 (1)

❖ ☐ 안에 알맞은 수를 쓰세요.

$$8 + 2 + 5 = \boxed{}$$
$$\boxed{} + 5 = \boxed{}$$

$$7 + 4 + 3 = \boxed{}$$
$$\boxed{} + 4 = \boxed{}$$

$$2 + 1 + 9 = \boxed{}$$
$$2 + \boxed{} = \boxed{}$$

$$4 + 9 + 6 = \boxed{}$$
$$\boxed{} + 9 = \boxed{}$$

❖ 더해서 10이 되는 두 수를 찾아 ◯로 묶고 덧셈을 하세요.

$$5 + 8 + 5 = \boxed{}$$

$$3 + 7 + 6 = \boxed{}$$

$$9 + 1 + 7 = \boxed{}$$

$$2 + 7 + 3 = \boxed{}$$

$$2 + 3 + 8 = \boxed{}$$

$$1 + 4 + 6 = \boxed{}$$

❖ ☐ 안에 알맞은 수를 쓰세요.

$7 + 4 = \boxed{}$
$7 + \boxed{} + 1 = \boxed{}$

$6 + 9 = \boxed{}$
$5 + \boxed{} + 9 = \boxed{}$

$6 + 6 = \boxed{}$
$6 + \boxed{} + 2 = \boxed{}$

$4 + 9 = \boxed{}$
$3 + \boxed{} + 9 = \boxed{}$

$9 + 8 = \boxed{}$
$9 + \boxed{} + 7 = \boxed{}$

$5 + 6 = \boxed{}$
$1 + \boxed{} + 6 = \boxed{}$

$8 + 8 = \boxed{}$
$8 + \boxed{} + 6 = \boxed{}$

$5 + 9 = \boxed{}$
$4 + \boxed{} + 9 = \boxed{}$

10을 이용한 더하기 (2)

❖ 덧셈을 하세요.

$$6 + 5 = \boxed{}$$
$$\quad\;{\scriptstyle +4}\qquad{\scriptstyle -4}$$
$$10 + 1 = \boxed{}$$

$$8 + 8 = \boxed{}$$
$$\quad\;{\scriptstyle +2}\qquad{\scriptstyle -2}$$
$$10 + 6 = \boxed{}$$

$$4 + 8 = \boxed{}$$
$$\quad\;{\scriptstyle -2}\qquad{\scriptstyle +2}$$
$$2 + 10 = \boxed{}$$

$$6 + 9 = \boxed{}$$
$$\quad\;{\scriptstyle -1}\qquad{\scriptstyle +1}$$
$$5 + 10 = \boxed{}$$

❖ ☐ 안에 알맞은 수를 쓰세요.

$$5 + 9 = \boxed{}$$
$$\quad\;{\scriptstyle -1}\qquad{\scriptstyle +1}$$
$$\boxed{} + 10 = \boxed{}$$

$$7 + 6 = \boxed{}$$
$$\quad\;{\scriptstyle +3}\qquad{\scriptstyle -3}$$
$$10 + \boxed{} = \boxed{}$$

$$4 + 7 = \boxed{}$$
$$\quad\;{\scriptstyle -3}\qquad{\scriptstyle +3}$$
$$\boxed{} + 10 = \boxed{}$$

$$9 + 8 = \boxed{}$$
$$\quad\;{\scriptstyle +1}\qquad{\scriptstyle -1}$$
$$10 + \boxed{} = \boxed{}$$

관련 쪽수: 78~99쪽

❖ ☐ 안에 알맞은 수를 쓰세요.

$$6 + 7 = \boxed{}$$

$$\begin{array}{r} 6 \\ + 7 \\ \hline \boxed{} \end{array}$$

$$4 + 8 = \boxed{}$$

$$\begin{array}{r} 4 \\ + 8 \\ \hline \boxed{} \end{array}$$

$$9 + 6 = \boxed{}$$

$$\begin{array}{r} 9 \\ + 6 \\ \hline \boxed{} \end{array}$$

$$7 + 7 = \boxed{}$$

$$\begin{array}{r} 7 \\ + 7 \\ \hline \boxed{} \end{array}$$

❖ 덧셈을 하세요.

$$\begin{array}{r} 6 \\ + 6 \\ \hline \boxed{} \end{array}$$

$$\begin{array}{r} 4 \\ + 9 \\ \hline \boxed{} \end{array}$$

$$\begin{array}{r} 8 \\ + 7 \\ \hline \boxed{} \end{array}$$

$$\begin{array}{r} 9 \\ + 3 \\ \hline \boxed{} \end{array}$$

$$\begin{array}{r} 6 \\ + 8 \\ \hline \boxed{} \end{array}$$

$$\begin{array}{r} 7 \\ + 9 \\ \hline \boxed{} \end{array}$$

❖ 주어진 숫자를 ☐ 안에 쓰고 식을 완성하세요.

181   개수 세어 더하기

6 7

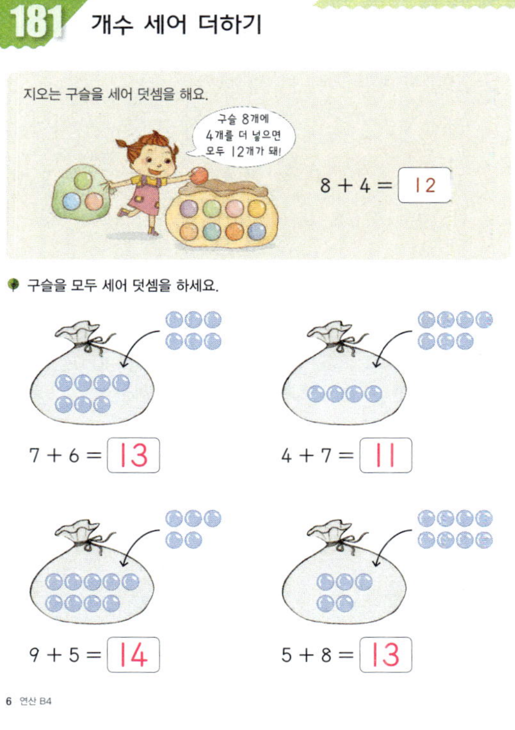

🌱 구슬을 모두 세어 덧셈을 하세요.

7 + 6 = 13   4 + 7 = 11

9 + 5 = 14   5 + 8 = 13

🌱 더하는 수만큼 색칠한 다음 개수를 모두 세어 덧셈을 하세요.

8 + 8 = 16   7 + 5 = 12

9 + 8 = 17   6 + 9 = 15

---

8 9

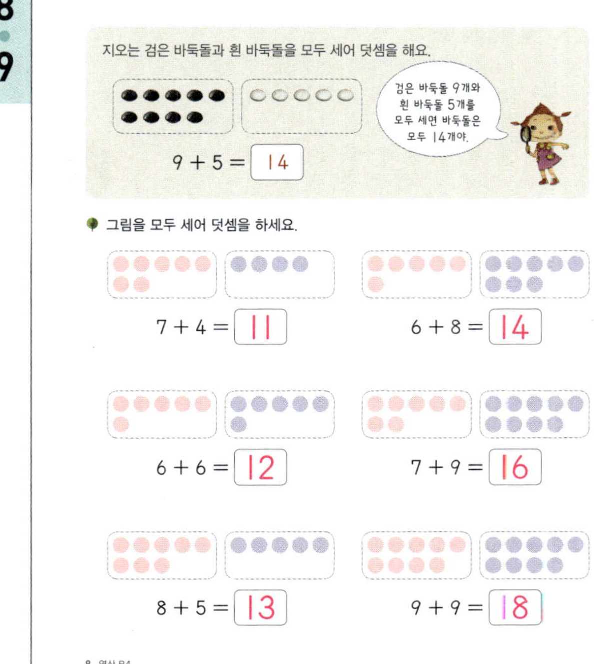

🌱 그림을 모두 세어 덧셈을 하세요.

7 + 4 = 11   6 + 8 = 14

6 + 6 = 12   7 + 9 = 16

8 + 5 = 13   9 + 9 = 18

🌱 덧셈을 하세요.

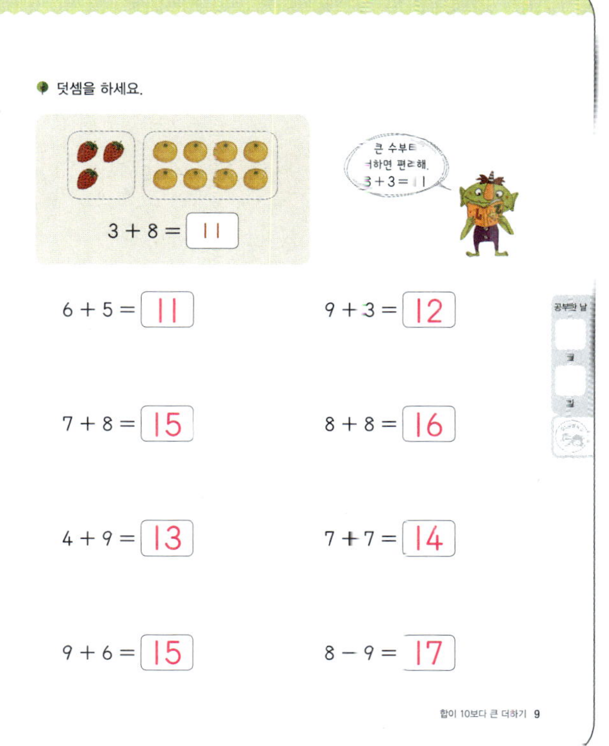

3 + 8 = 11

6 + 5 = 11   9 + 3 = 12

7 + 8 = 15   8 + 8 = 16

4 + 9 = 13   7 + 7 = 14

9 + 6 = 15   8 − 9 = 17

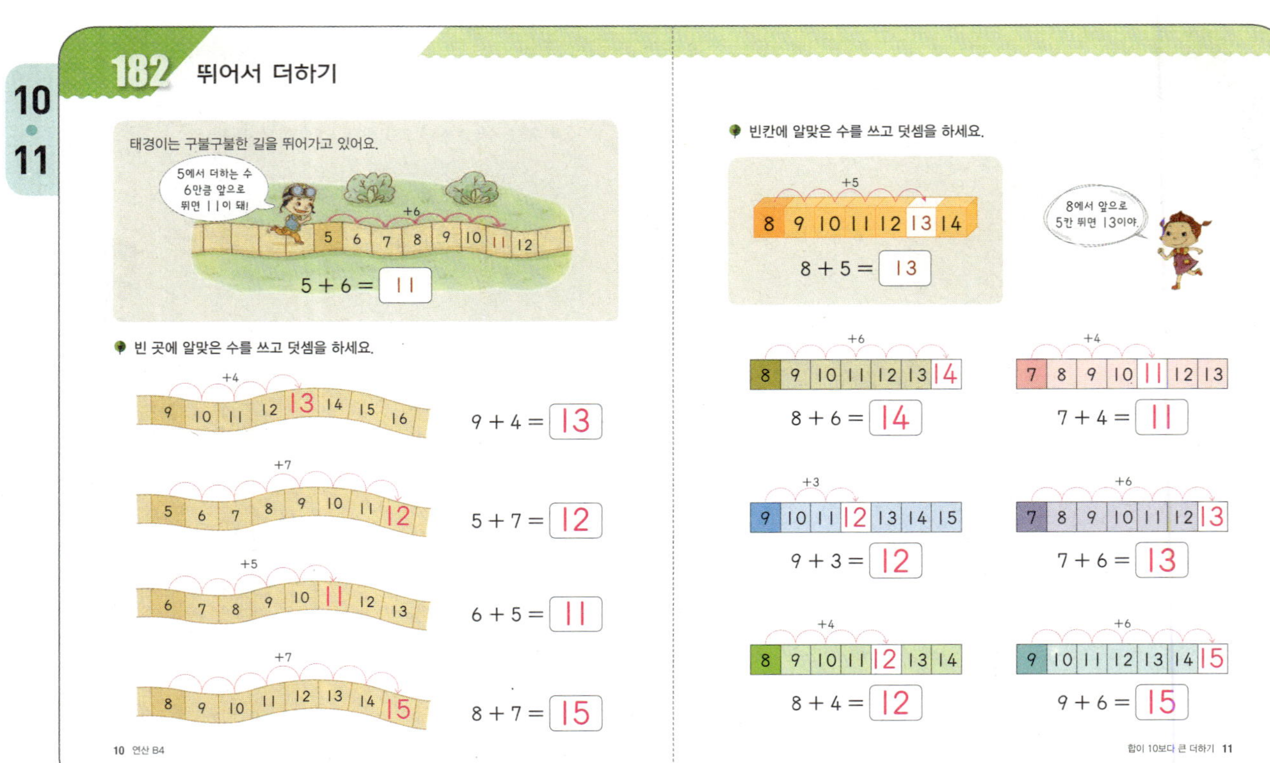

10 · 11

182 뛰어서 더하기

태경이는 구불구불한 길을 뛰어가고 있어요.
5에서 더하는 수 6만큼 앞으로 뛰면 11이 돼!
+6
5 6 7 8 9 10 11 12
5 + 6 = 11

빈 곳에 알맞은 수를 쓰고 덧셈을 하세요.
+4
9 10 11 12 13 14 15 16
9 + 4 = 13
+7
5 6 7 8 9 10 11
5 + 7 = 12
+5
6 7 8 9 10 11 12 13
6 + 5 = 11
+7
8 9 10 11 12 13 14 15
8 + 7 = 15

빈칸에 알맞은 수를 쓰고 덧셈을 하세요.
+5
8 9 10 11 12 13 14
8 + 5 = 13
8에서 앞으로 5칸 뛰면 13이야.
+6
8 9 10 11 12 13 14
8 + 6 = 14
+4
7 8 9 10 11 12 13
7 + 4 = 11
+3
9 10 11 12 13 14 15
9 + 3 = 12
+6
7 8 9 10 11 12 13
7 + 6 = 13
+4
8 9 10 11 12 13 14
8 + 4 = 12
+6
9 10 11 12 13 14 15
9 + 6 = 15

12 · 13

지오는 벌집에 적힌 수를 관찰하고 있어요. 
+7
5 6 7 8 9 10 11 12
5에서 더하는 수 7만큼 앞으로 뛰면 돼.
5 + 7 = 12

빈 곳에 알맞은 수를 쓰고 덧셈을 하세요.
+4
8 9 10 11 12
8 + 4 = 12
+7
6 7 8 9 10 11 12 13
6 + 7 = 13
+3
9 10 11 12
9 + 3 = 12
+6
8 9 10 11 12 13 14
8 + 6 = 14
+4
7 8 9 10 11
7 + 4 = 11
+7
9 10 11 12 13 14 15 16
9 + 7 = 16

덧셈을 하세요. 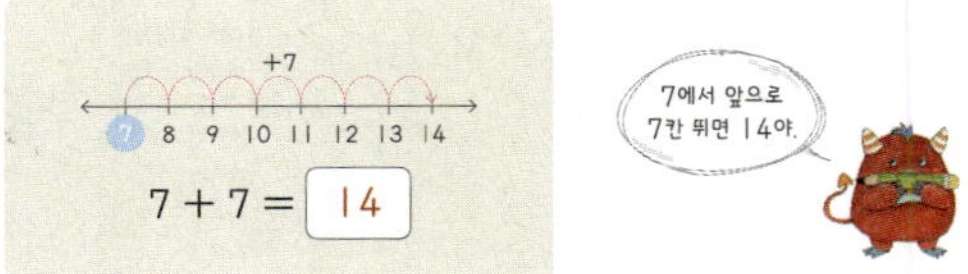
+7
7 8 9 10 11 12 13 14
7 + 7 = 14
7에서 앞으로 7칸 뛰면 14야.

3 + 8 = 11　　8 + 8 = 16
6 + 6 = 12　　5 + 9 = 14
5 + 6 = 11　　8 + 9 = 17
8 + 5 = 13　　7 + 8 = 15

공부한 날
월
일

183 가로셈과 세로셈

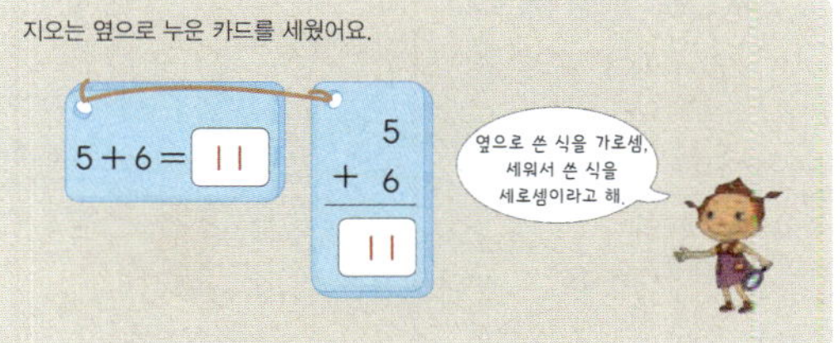

● ◻ 안에 알맞은 수를 쓰세요.

● 덧셈을 하세요.

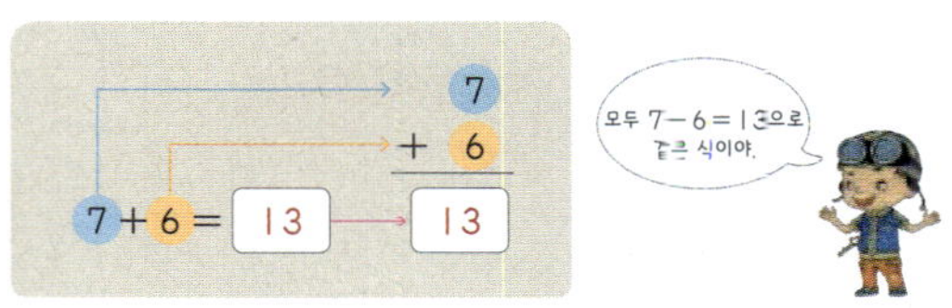

$$5 + 9 = 14 \qquad \begin{array}{r} 5 \\ +\ 9 \\ \hline 14 \end{array} \qquad 8 + 3 = 11 \qquad \begin{array}{r} 8 \\ +\ 3 \\ \hline 11 \end{array}$$

$$9 + 9 = 18 \qquad \begin{array}{r} 9 \\ +\ 9 \\ \hline 18 \end{array} \qquad 7 + 5 = 12 \qquad \begin{array}{r} 7 \\ +\ 5 \\ \hline 12 \end{array}$$

$$4 + 8 = 12 \qquad \begin{array}{r} 4 \\ +\ 8 \\ \hline 12 \end{array} \qquad 9 + 7 = 16 \qquad \begin{array}{r} 9 \\ +\ 7 \\ \hline 16 \end{array}$$

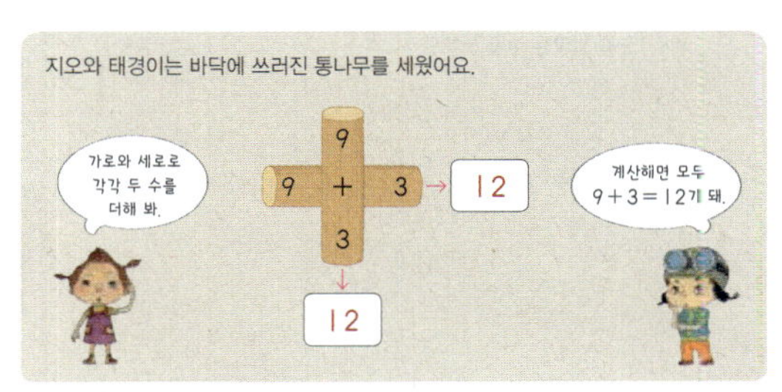

● 가로와 세로로 각각 두 수를 더해 ◻ 안에 쓰세요.

● 덧셈을 하세요.

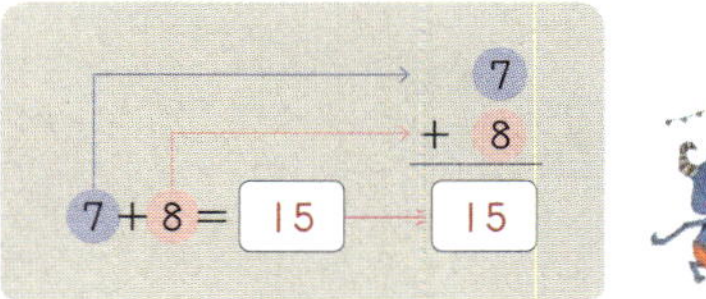

$$\begin{array}{r} 9 \\ +\ 4 \\ \hline 13 \end{array} \qquad \begin{array}{r} 6 \\ +\ 8 \\ \hline 14 \end{array} \qquad \begin{array}{r} 6 \\ +\ 7 \\ \hline 13 \end{array}$$

$$\begin{array}{r} 7 \\ +\ 9 \\ \hline 16 \end{array} \qquad \begin{array}{r} 8 \\ +\ 4 \\ \hline 12 \end{array} \qquad \begin{array}{r} 5 \\ +\ 6 \\ \hline 11 \end{array}$$

$$\begin{array}{r} 6 \\ +\ 6 \\ \hline 12 \end{array} \qquad \begin{array}{r} 8 \\ +\ 9 \\ \hline 17 \end{array} \qquad \begin{array}{r} 7 \\ +\ 8 \\ \hline 5 \end{array}$$

정답 **3**

18 · 19

184 ☐가 있는 더하기

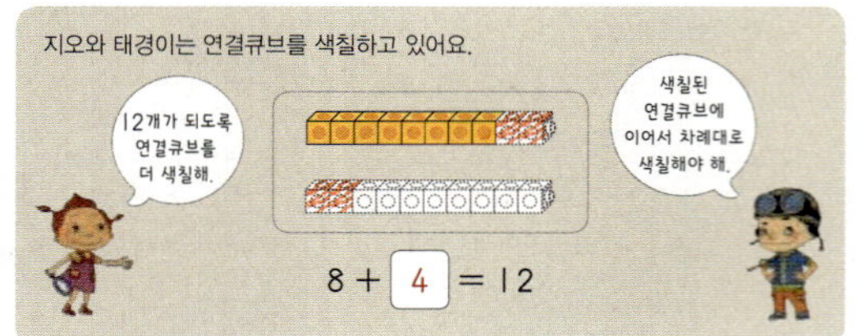

🌱 덧셈식의 결과만큼 되도록 연결큐브를 색칠하고 ☐ 안에 알맞은 수를 쓰세요.

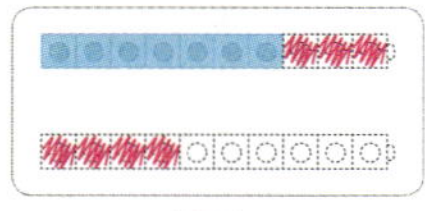

$7 + 7 = 14$

$8 + 3 = 11$

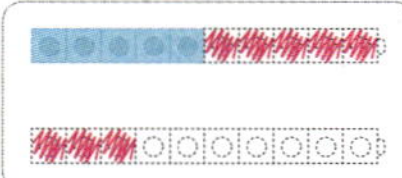

$5 + 8 = 13$

$9 + 8 = 17$

🌱 ☐ 안에 알맞은 수를 쓰세요.

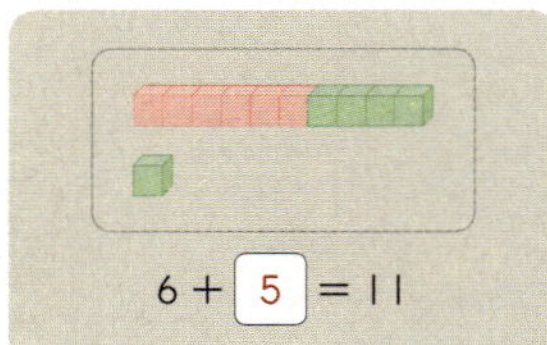

$7 + 5 = 12$ 　　 $6 + 8 = 14$

$9 + 7 = 16$ 　　 $7 + 4 = 11$

$8 + 7 = 15$ 　　 $9 + 9 = 18$

$5 + 9 = 14$ 　　 $7 + 6 = 13$

20 · 21

🌱 ☐ 안에 알맞은 수를 쓰세요.

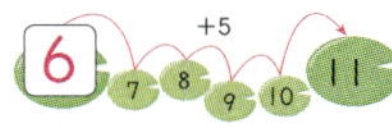
$6 + 5 = 11$

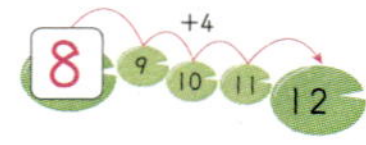
$8 + 4 = 12$

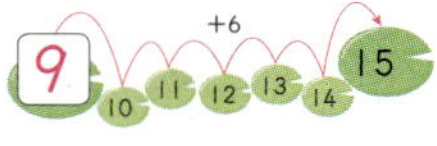
$9 + 6 = 15$

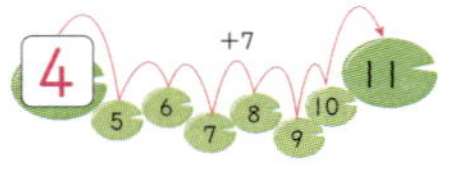
$4 + 7 = 11$

🌱 ☐ 안에 알맞은 수를 쓰세요.

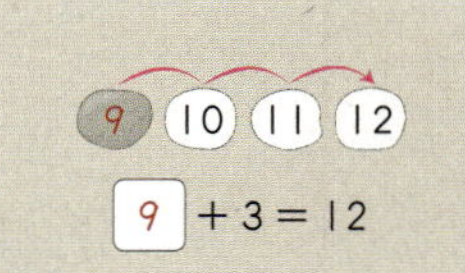

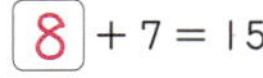
$3 + 8 = 11$ 　　 $8 + 7 = 15$

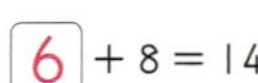
$7 + 9 = 16$ 　　 $6 + 8 = 14$

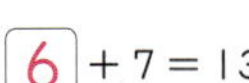
$8 + 9 = 17$ 　　 $6 + 7 = 13$

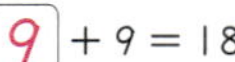
$7 + 5 = 12$ 　　 $9 + 9 = 18$

공부한 날
월
일

185 두 수의 합

● 각각 손에 들고 있는 장난감을 더하면 얼마인지 ◯ 안에 쓰세요.

● 덧셈을 하세요.

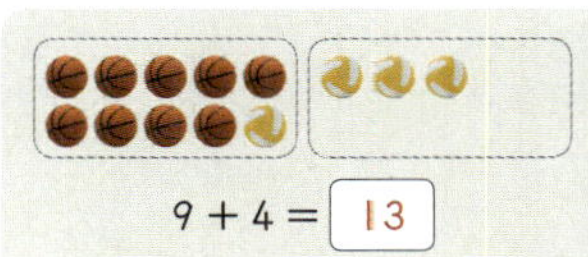

$9 + 4 =$ 13

$7 + 8 =$ 15 $6 + 5 =$ 11

$3 + 9 =$ 12 $8 + 8 =$ 6

$5 + 8 =$ 13 $7 + 5 =$ 12

$8 + 3 =$ 11 $9 + 5 =$ 14

짐을 가득 실은 트럭이 갈림길에서 하나의 길을 찾아가요.

● 두 수를 더한 수를 찾아 선을 그으세요.

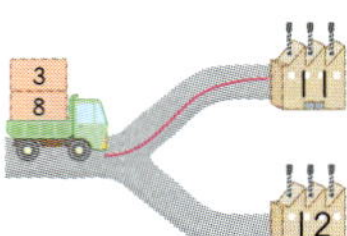

● 덧셈을 하세요.

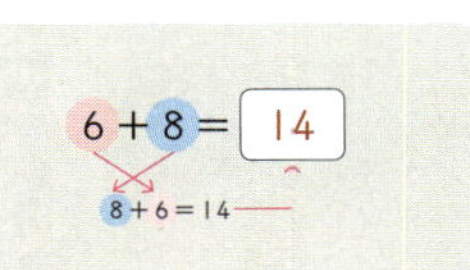

$8 + 4 =$ 12 $6 + 7 =$ 15

$7 + 6 =$ 13 $9 + 2 =$ 11

$5 + 7 =$ 12 $8 + 9 =$ 17

$9 + 7 =$ 16 $6 + 8 =$ 14

정답 **5**

무엇을 배웠을까요

26 · 27

🔺 구슬을 모두 세어 덧셈을 하세요.

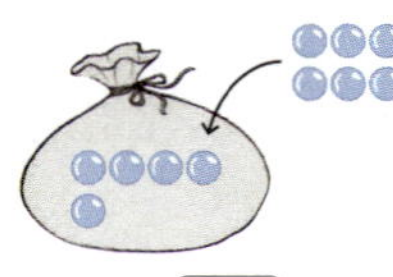

$5 + 6 = \boxed{11}$

$8 + 7 = \boxed{15}$

🔺 빈 곳에 알맞은 수를 쓰고 덧셈을 하세요.

$8 + 5 = \boxed{13}$

$7 + 7 = \boxed{14}$

🔺 덧셈을 하세요.

$7 + 4 = \boxed{11}$ $\begin{array}{r} 7 \\ +\ 4 \\ \hline \boxed{11} \end{array}$

$8 + 9 = \boxed{17}$ $\begin{array}{r} 8 \\ +\ 9 \\ \hline \boxed{17} \end{array}$

🔺 덧셈식의 결과만큼 되도록 연결큐브를 색칠하고 ☐ 안에 알맞은 수를 쓰세요.

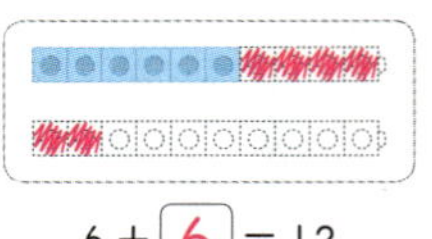

$6 + \boxed{6} = 12$

$9 + \boxed{7} = 16$

🔺 ☐ 안에 알맞은 수를 쓰세요.

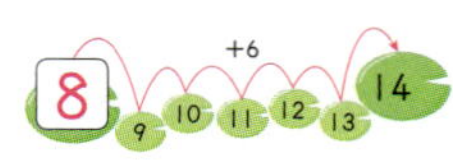

$\boxed{8} + 6 = 14$

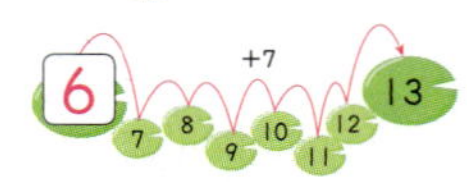

$\boxed{6} + 7 = 13$

🔺 두 수를 더한 수를 찾아 선을 그으세요.

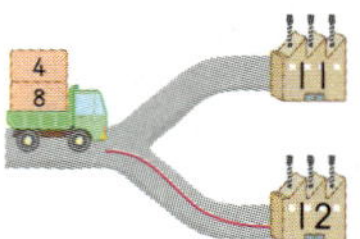
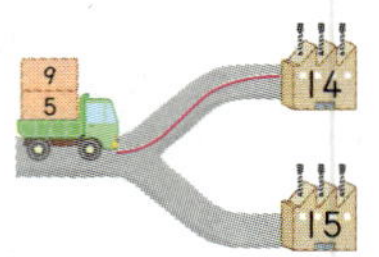

---

186 10 만들어 세 수 더하기

30 · 31

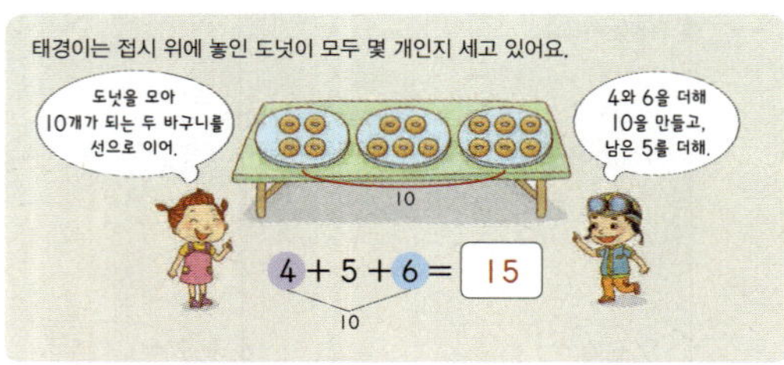

🍃 모아서 10개가 되는 두 묶음을 선으로 잇고 덧셈을 하세요.

$8 + 2 + 6 = \boxed{16}$

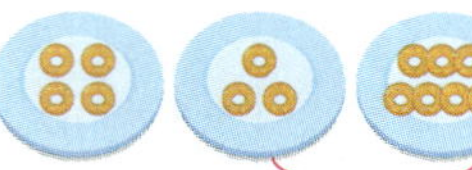

$4 + 3 + 7 = \boxed{14}$

$5 + 2 + 5 = \boxed{12}$

🍃 ☐ 안에 알맞은 수를 쓰세요.

$1 + 9 + 4 = \boxed{14}$ $5 + 5 + 3 = \boxed{13}$
$\boxed{10} + 4 = \boxed{14}$ $\boxed{10} + 3 = \boxed{13}$

$5 + 2 + 8 = \boxed{15}$ $1 + 7 + 3 = \boxed{11}$
$5 + \boxed{10} = \boxed{15}$ $1 + \boxed{10} = \boxed{11}$

$6 + 2 + 4 = \boxed{12}$ $9 + 6 + 1 = \boxed{16}$
$\boxed{10} + 2 = \boxed{12}$ $\boxed{10} + 6 = \boxed{16}$

지오는 더해서 10이 되는 두 막대를 찾고 있어요.

| 5 | 4 | 6 |

5 + 4 + 6 = 15

더해서 10이 되는 두 막대를 찾아 10 막대와 선으로 잇고 덧셈을 하세요.

3 + 4 + 7 = 14

9 + 1 + 6 = 16

7 + 5 + 5 = 17

더해서 10이 되는 두 수를 찾아 ◯로 묶고 덧셈을 하세요.

6 + 4 + 1 = 11

9 + 1 + 3 = 13

7 + 6 + 3 = 16

9 + 8 + 2 = 19

5 + 5 + 5 = 18

2 + 4 + 6 = 12

3 + 7 + 5 = 15

2 + 1 + 8 = 11

4 + 5 + 5 = 14

---

187 뒤의 수를 갈라 10 만들기

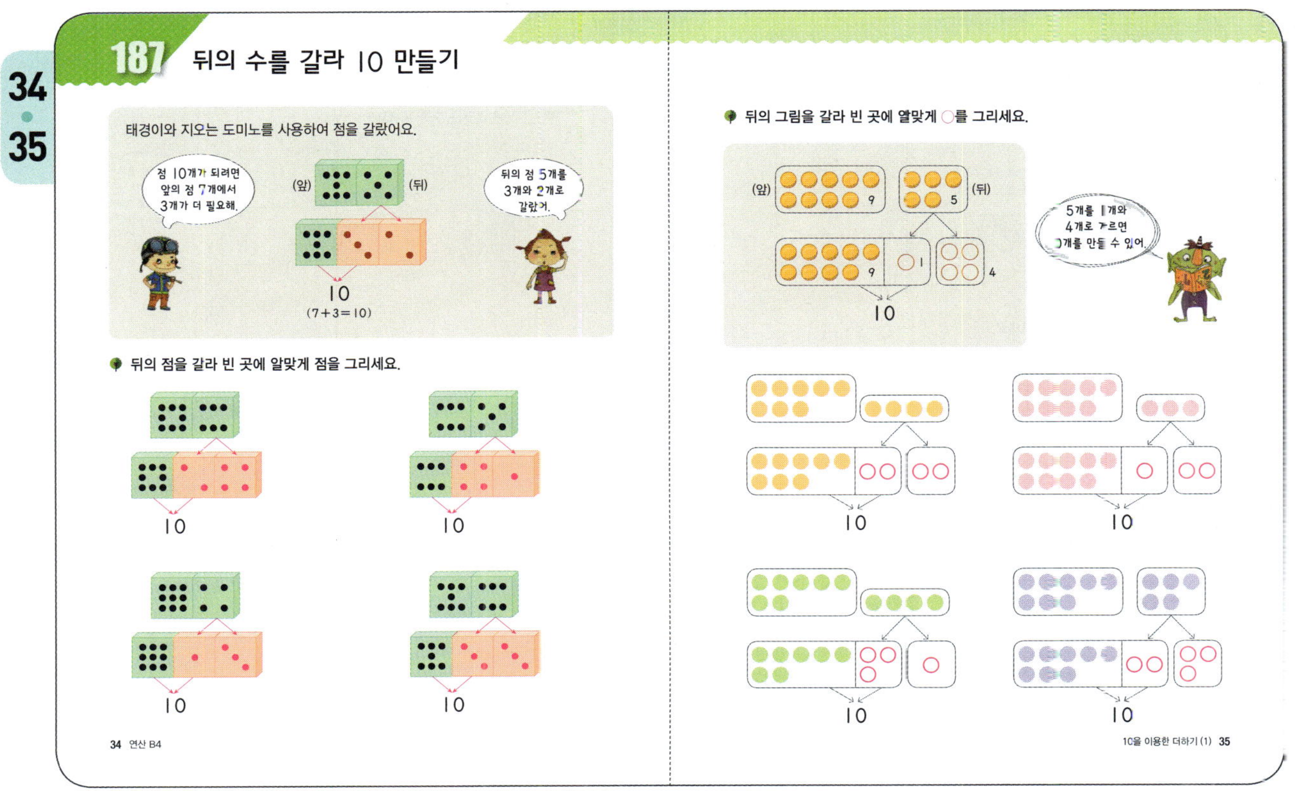

36·37

38·39

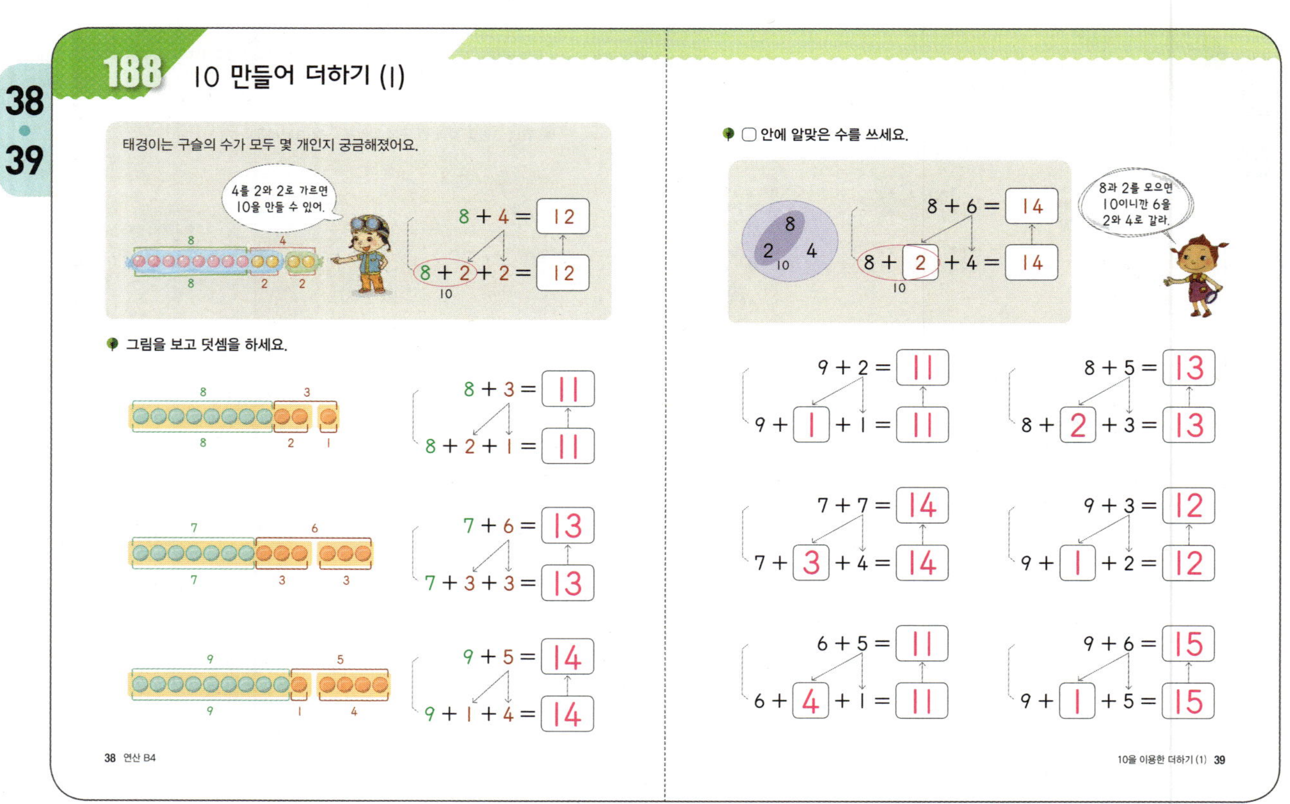

지오는 10이 되도록 기차의 한 칸을 갈랐어요.

● 앞의 수와 더해 10이 되도록 뒤의 수를 가른 다음 덧셈을 하세요.

● 앞의 수와 더해 10이 되도록 뒤의 수를 가른 다음 덧셈을 하세요.

8 + 6 = 14
2   4

6 + 5 = 11
4   1

9 + 6 = 15
1   5

8 + 7 = 15
2   5

7 + 5 = 12
3   2

9 + 9 = 18
1   8

---

189 앞의 수를 갈라 10 만들기

태경이와 지오는 도미노를 사용하여 점을 갈랐어요.

● 앞의 점을 갈라 빈 곳에 알맞게 점을 그리세요.

● 앞의 그림을 갈라 빈 곳에 알맞게 ○를 그리세요.

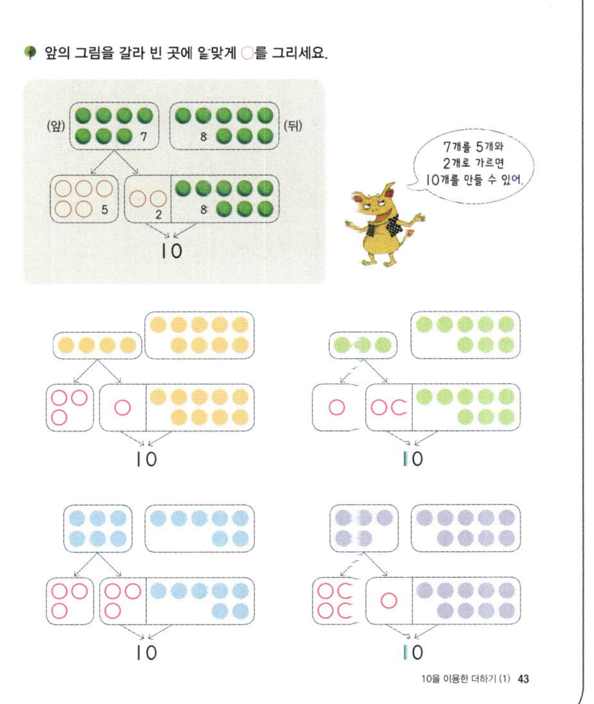

44
45

태경이는 10이 되도록 앞의 막대를 갈랐어요.

(앞) 4   8 (뒤)

2 2   8

10
(2+8=10)

2+8=10이니깐
4를 2와 2로 갈라.

앞의 막대를 갈라 ◻ 안에 알맞은 수를 쓰세요.

4   7
1 3   7
10

5   6
1 4   6
10

7   9
6 1   9
10

8   8
6 2   8
10

44 연산 B4

앞의 수를 갈라 빈칸에 알맞은 수를 쓰세요.

3   8
1 2
10

2와 8을 모으면
10이니깐 3을
1과 2로 갈라.

6   6
2 4
10

2   9
1 1
10

6   8
4 2
10

7   7
4 3
10

공부한 날
월
일

10을 이용한 더하기 (1) 45

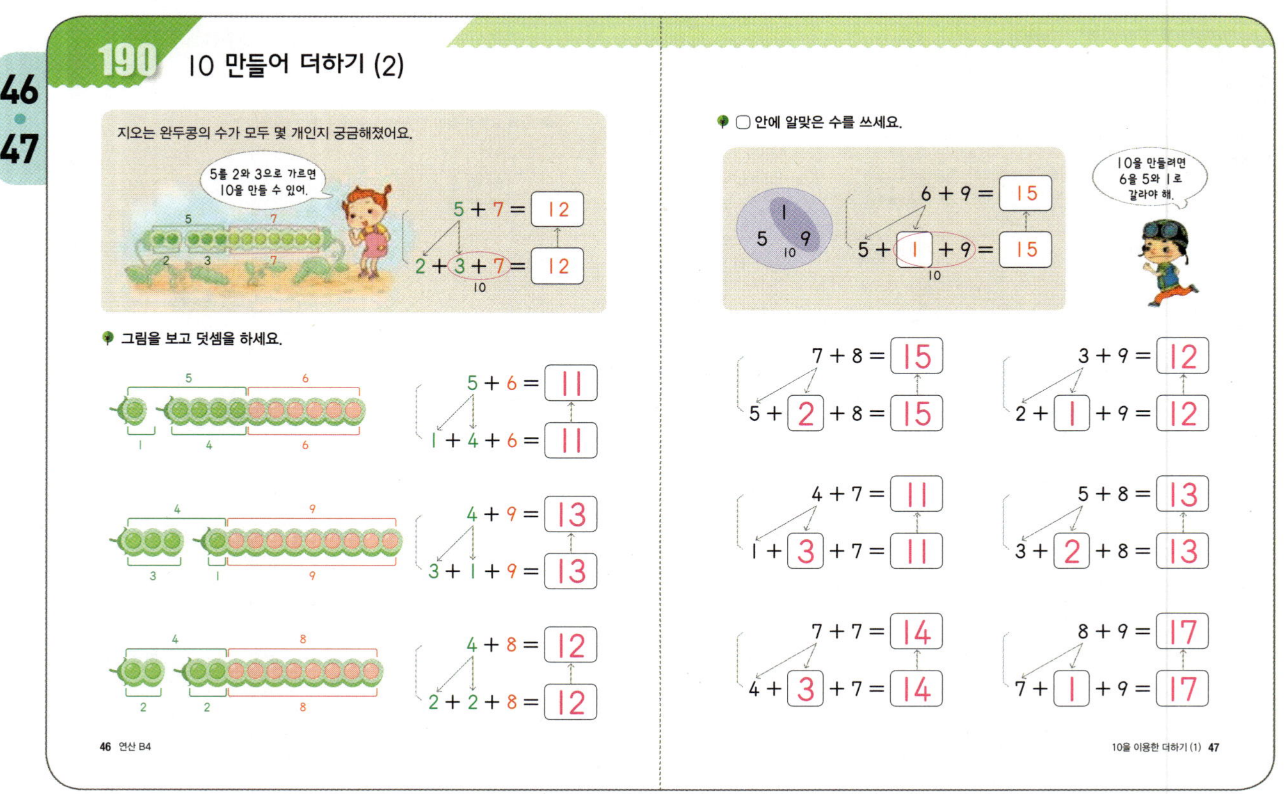

46
47

190   10 만들어 더하기 (2)

지오는 완두콩의 수가 모두 몇 개인지 궁금해졌어요.

5를 2와 3으로 가르면
10을 만들 수 있어.

5 + 7 = 12

2 + 3 + 7 = 12
    10

그림을 보고 덧셈을 하세요.

5   6
1 4 6

5 + 6 = 11
1 + 4 + 6 = 11

4   9
3 1 9

4 + 9 = 13
3 + 1 + 9 = 13

4   8
2 2 8

4 + 8 = 12
2 + 2 + 8 = 12

46 연산 B4

◻ 안에 알맞은 수를 쓰세요.

5 1 9
  10

6 + 9 = 15
5 + 1 + 9 = 15
    10

10을 만들려면
6을 5와 1로
갈라야 해.

7 + 8 = 15
5 + 2 + 8 = 15

3 + 9 = 12
2 + 1 + 9 = 12

4 + 7 = 11
1 + 3 + 7 = 11

5 + 8 = 13
3 + 2 + 8 = 13

7 + 7 = 14
4 + 3 + 7 = 14

8 + 9 = 17
7 + 1 + 9 = 17

10을 이용한 더하기 (1) 47

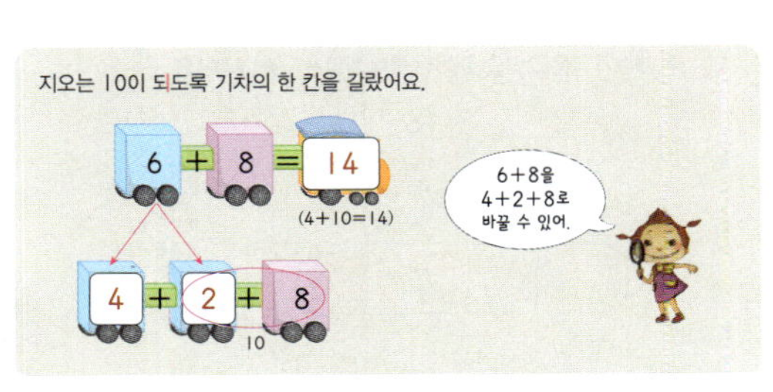

● 뒤의 수와 더해 10이 되도록 앞의 수를 가른 다음 덧셈을 하세요.

● 뒤의 수와 더해 10이 되도록 앞의 수를 가른 다음 덧셈을 하세요.

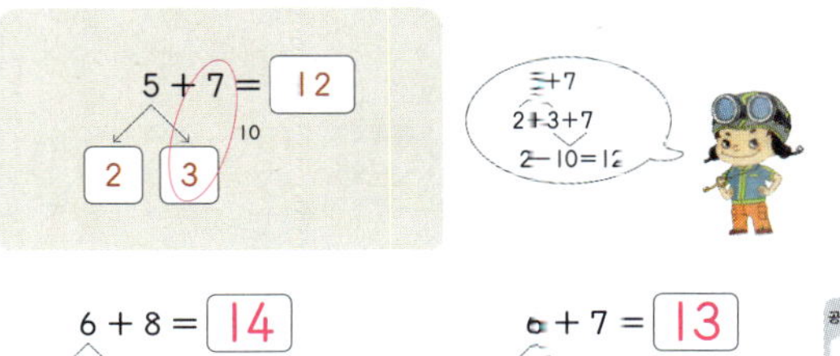

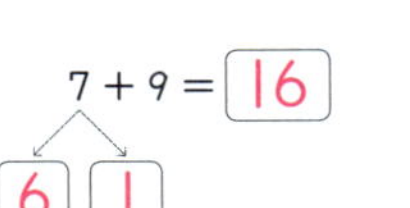

$6 + 8 = 14$
  4   2

$6 + 7 = 13$
  3   3

$7 + 9 = 16$
  6   1

$3 + 8 = 11$
  1   2

$5 + 9 = 14$
  4   1

$6 + 6 = 12$
  2   4

무엇을 배웠을까요

▲ 모아서 10개가 되는 두 묶음을 선으로 잇고 덧셈을 하세요.

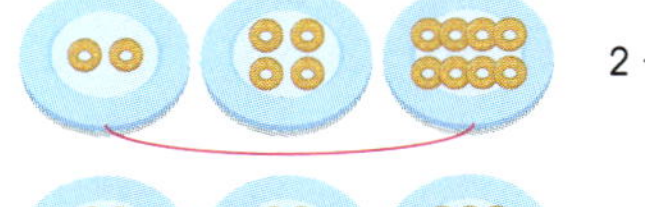
$2 + 4 + 8 = 14$

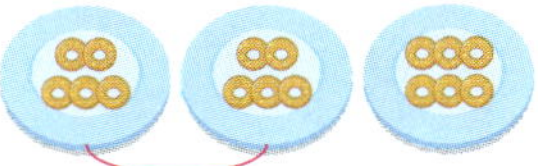
$5 + 5 + 6 = 16$

▲ 뒤의 점을 갈라 빈 곳에 알맞게 점을 그리세요.

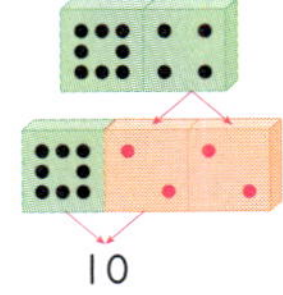
10

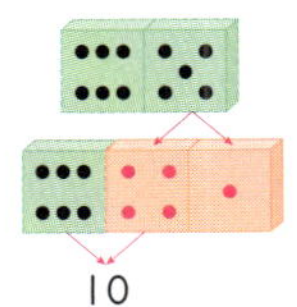
10

▲ ☐ 안에 알맞은 수를 쓰세요.

$7 + 5 = 12$
$7 + 3 + 2 = 12$

$9 + 4 = 13$
$9 + 1 + 3 = 13$

▲ 앞의 막대를 갈라 ☐ 안에 알맞은 수를 쓰세요.

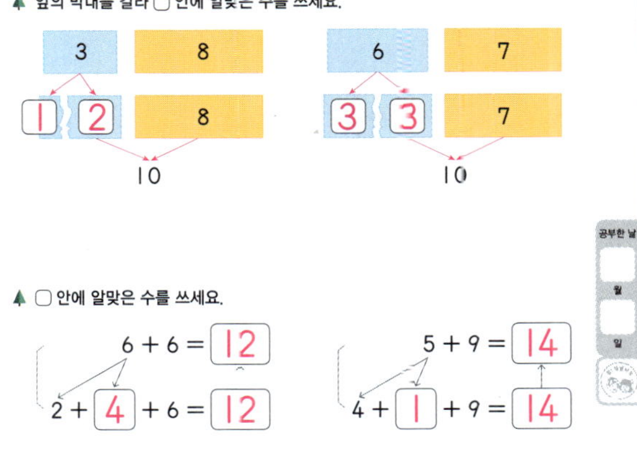

▲ ☐ 안에 알맞은 수를 쓰세요.

$6 + 6 = 12$
$2 + 4 + 6 = 12$

$5 + 9 = 14$
$4 + 1 + 9 = 14$

▲ 뒤의 수와 더해 10이 되도록 앞의 수를 가른 다음 덧셈을 하세요.

$4 + 7 = 11$
  1   3

$8 + 8 = 16$
  6   2

191 작은 수를 갈라 10 만들기

54·55

지오는 긴 고리와 짧은 고리를 이용하여 10개짜리 고리를 만들었어요.
짧은 고리를 끊어서 긴 고리에 연결해 10개를 만들었어.
이렇게 짧은 고리에 /로 끊는 선을 그어 봐.
9
10
(9+1=10)
6

긴 고리와 이어서 10개가 되도록 짧은 고리에 /로 끊는 선을 그으세요.
8   4
10
6   7
10
7   9
10

54 연산 B4

개수가 적은 그림을 갈라 빈 곳에 알맞게 ○를 그리세요.
6   8
4   2   8
10
개수가 적은 공 6개를 4개와 2개로 갈랐어.
10
10
10
10

10을 이용한 더하기 (2) 55

56·57

지오는 떨어져 있는 작은 섬들을 바라보고 있어요.
8   5
2   3
10
8+2=10이니깐 5를 2와 3으로 갈라.

작은 수를 갈라 빈 곳에 알맞은 수를 쓰세요.
6   5
4   1
10
4   9
3   1
10
8   6
2   4
10
4   7
1   3
10

56 연산 B4

작은 수를 갈라 빈칸에 알맞은 수를 쓰세요.
9   3
1   2
10
9와 1을 모으면 10이니깐 3을 1과 2로 갈라.

7   5
3   2
10
8   4
2   2
10
6   9
5   1
10
6   7
3   3
10

공부한 날
월
일

10을 이용한 더하기 (2) 57

192 작은 수를 갈라 더하기

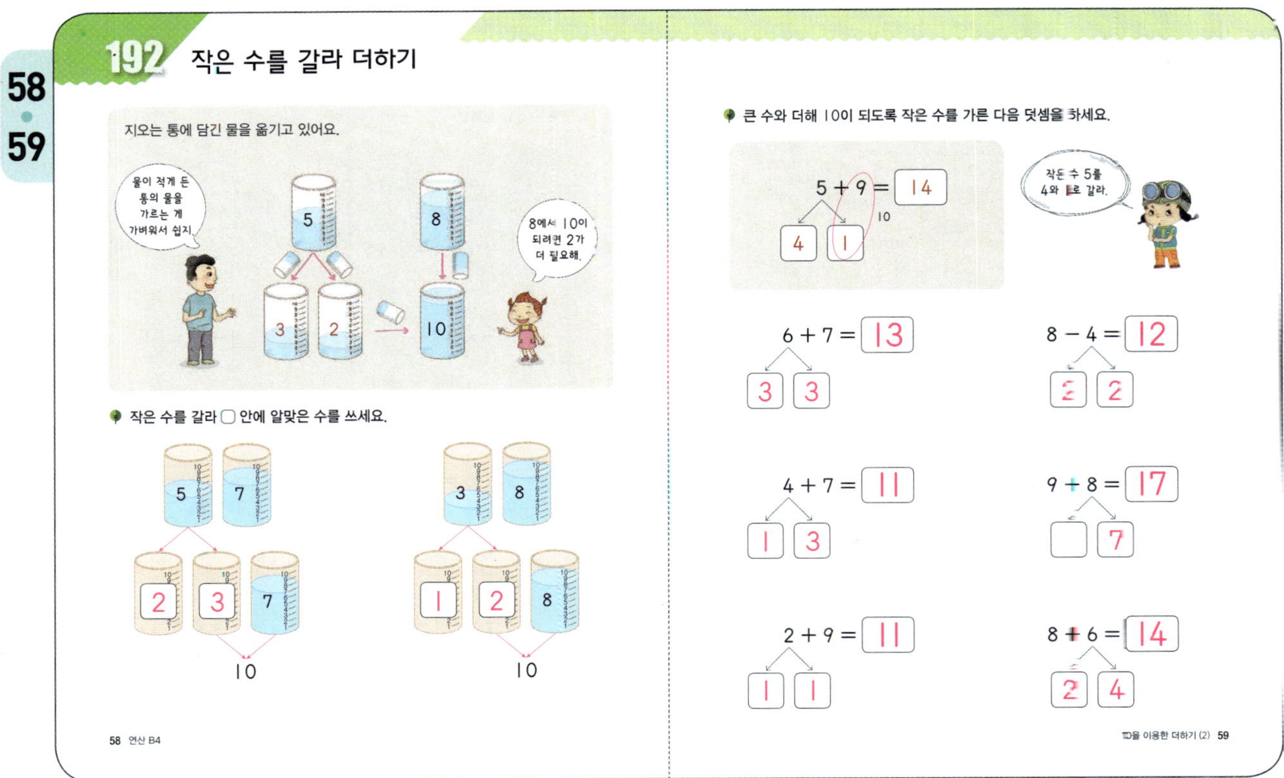

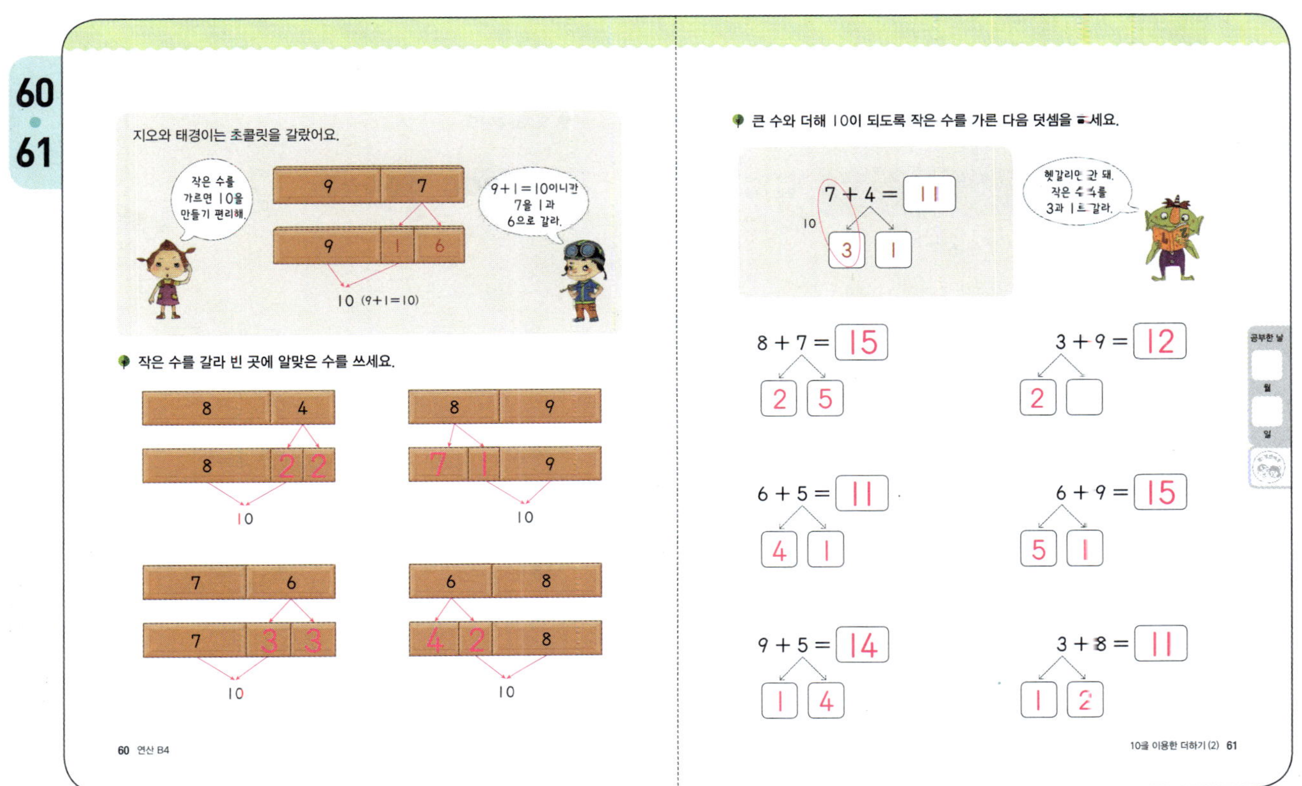

정답 **13**

193 더하고 빼어 10 만들기

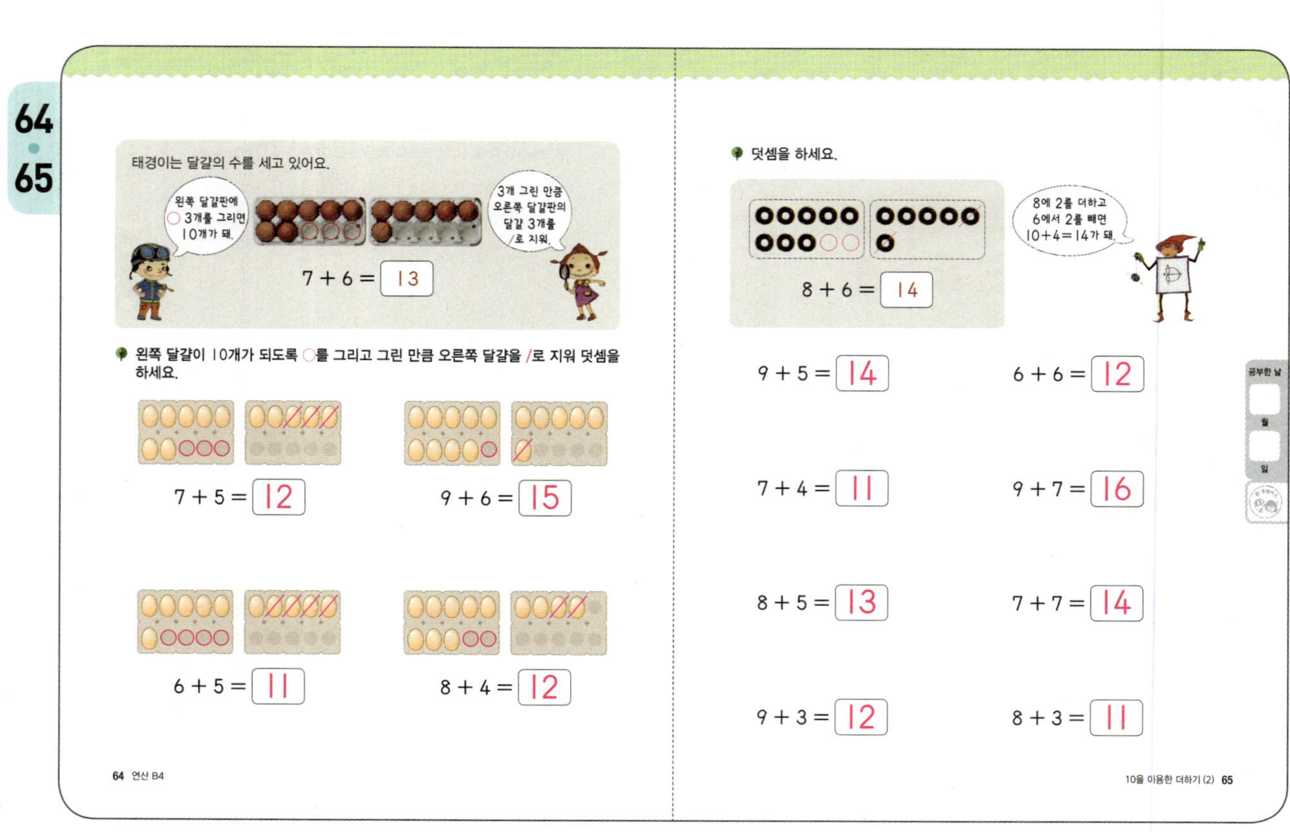

62 연산 B4

● 덧셈을 하세요.

$9 + 6 = 15$
$10 + 5 = 15$

$7 + 4 = 11$
$10 + 1 = 11$

$8 + 7 = 15$
$10 + 5 = 15$

$9 + 5 = 14$
$10 + 4 = 14$

$6 + 6 = 12$
$10 + 2 = 12$

$8 + 3 = 11$
$10 + 1 = 11$

$9 + 8 = 17$
$10 + 7 = 17$

10을 이용한 더하기 (2) 63

태경이는 달걀의 수를 세고 있어요.

$7 + 6 = 13$

● 왼쪽 달걀이 10개가 되도록 ○를 그리고 그린 만큼 오른쪽 달걀을 /로 지워 덧셈을 하세요.

$7 + 5 = 12$

$9 + 6 = 15$

$6 + 5 = 11$

$8 + 4 = 12$

64 연산 B4

● 덧셈을 하세요.

$8 + 6 = 14$

$9 + 5 = 14$

$6 + 6 = 12$

$7 + 4 = 11$

$9 + 7 = 16$

$8 + 5 = 13$

$7 + 7 = 14$

$9 + 3 = 12$

$8 + 3 = 11$

10을 이용한 더하기 (2) 65

194 빼고 더하여 10 만들기

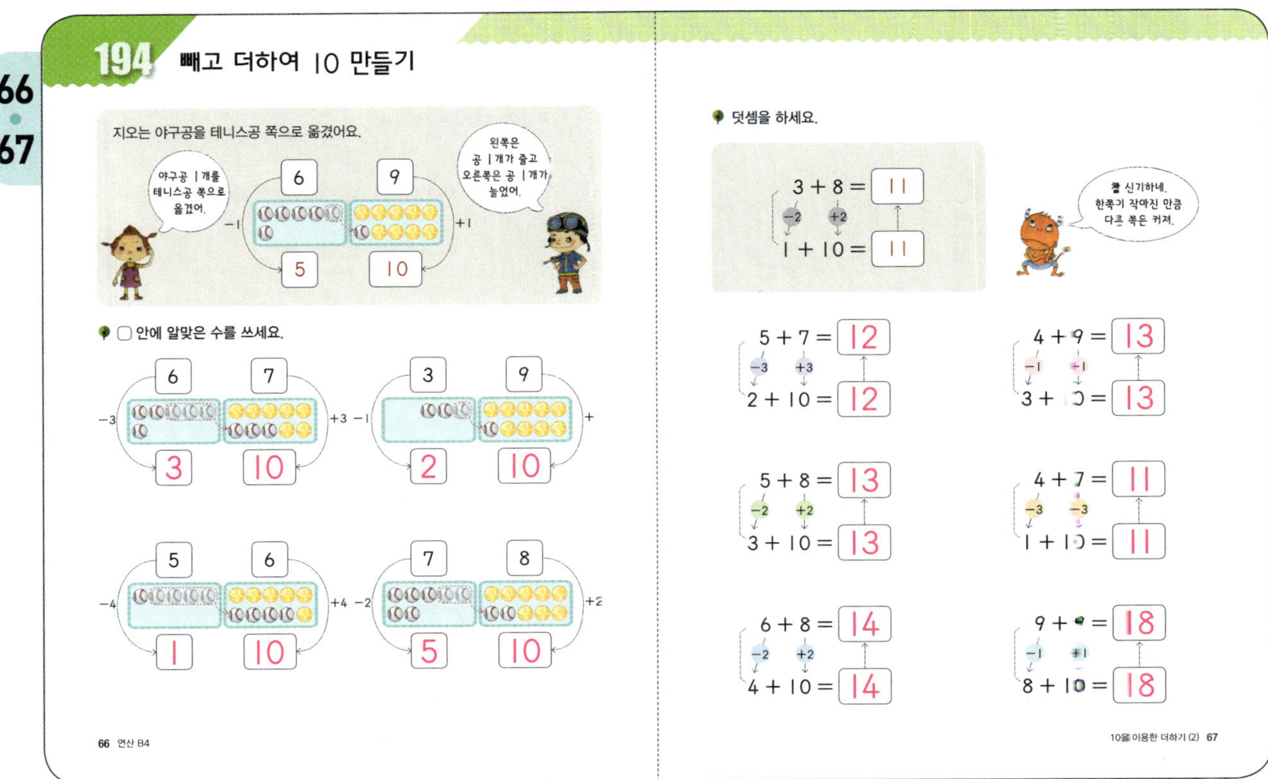

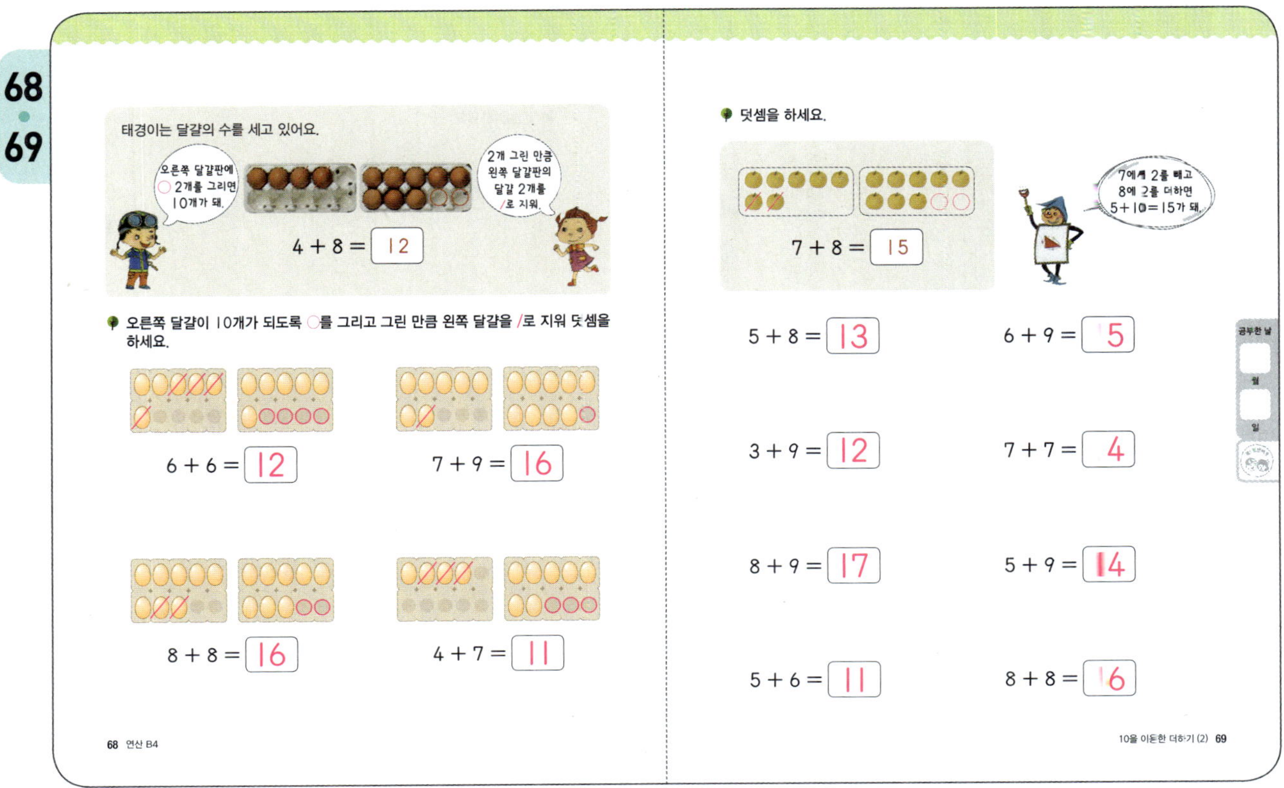

195 큰 수를 10 만들어 더하기

70 · 71

🌱 큰 울타리 안에 사슴이 10마리가 되도록 옮겼어요. ◯ 안에 알맞은 수를 쓰세요.

🌱 ◯ 안에 알맞은 수를 쓰세요.

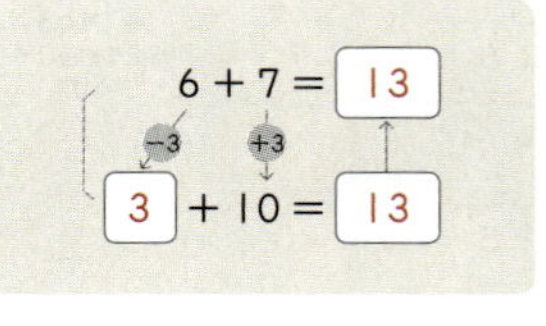
6 + 7 = 13
−3 +3
3 + 10 = 13

5 + 7 = 12
−3 +3
2 + 10 = 12

8 + 3 = 11
+2 −2
10 + 1 = 11

2 + 9 = 11
−1 +1
1 + 10 = 11

9 + 7 = 16
+1 −1
10 + 6 = 16

7 + 8 = 15
−2 +2
5 + 10 = 15

8 + 5 = 13
+2 −2
10 + 3 = 13

---

72 · 73

태경이는 연결고리가 10개가 되도록 옮겼어요.

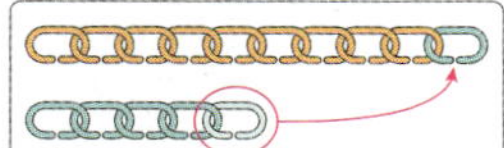

8 + 4 = 12

🌱 그림을 보고 덧셈을 하세요.

9 + 5 = 14

6 + 7 = 13

5 + 8 = 13

🌱 덧셈을 하세요.

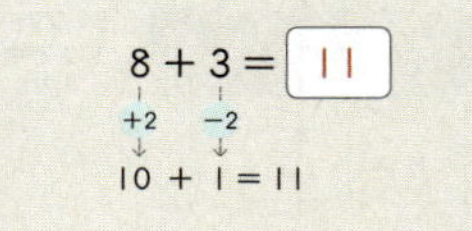
8 + 3 = 11
+2 −2
10 + 1 = 11

4 + 7 = 11

6 + 9 = 15

9 + 8 = 17

7 + 5 = 12

4 + 9 = 13

8 + 6 = 14

6 + 5 = 11

7 + 9 = 16

공부한 날
월
일

무엇을 배웠을까요

▲ 작은 수를 갈라 빈 곳에 알맞은 수를 쓰세요.

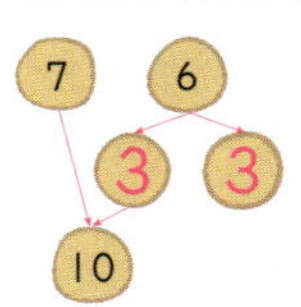

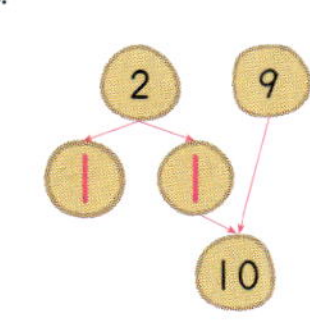

▲ 큰 수와 더해 10이 되도록 작은 수를 가른 다음 덧셈을 하세요.

$5 + 8 = 13$ 　　$9 + 7 = 16$

3　2　　　　1　6

▲ ⬜ 안에 알맞은 수를 쓰세요.

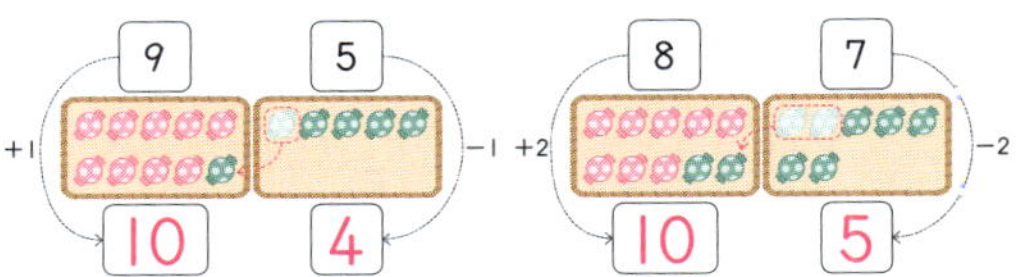

▲ 오른쪽 달걀이 10개가 되도록 ◯를 그리고 그린 만큼 왼쪽 달걀을 /로 지워 덧셈을 하세요.

 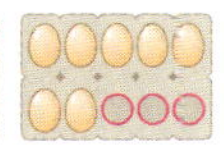　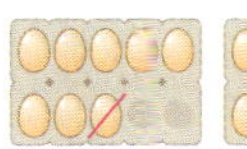 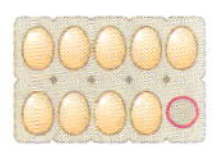

$5 + 7 = 12$　　　　$8 + 9 = 17$

▲ 덧셈을 하세요.

$6 + 5 = 11$　　　　$4 + 8 = 12$
$10 + 1 = 11$　　　$2 + 10 = 12$

▲ ⬜ 안에 알맞은 수를 쓰세요.

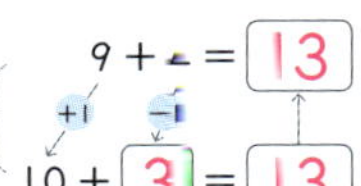

$6 + 8 = 14$　　　　$9 + \underline{4} = 13$
$4 + 10 = 14$　　　$10 + 3 = 13$

---

196 가로셈과 세로셈

지오는 옆으로 놓인 블록을 위로 쌓았어요.

$6 + 8 = 14$

▶ ⬜ 안에 알맞은 수를 쓰세요.

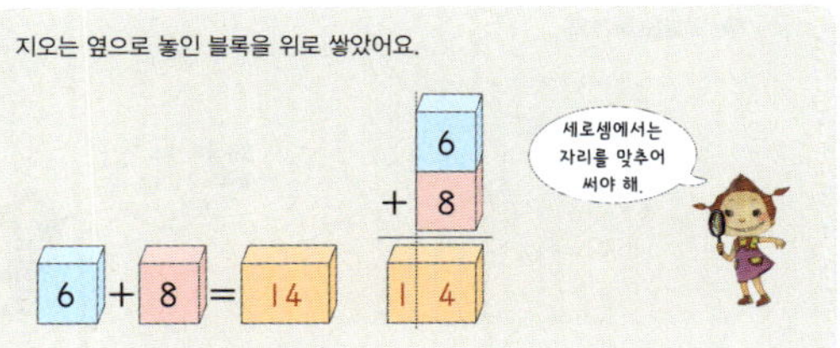

$8 + 3 = 11$　11　　$5 + 9 = 14$　14

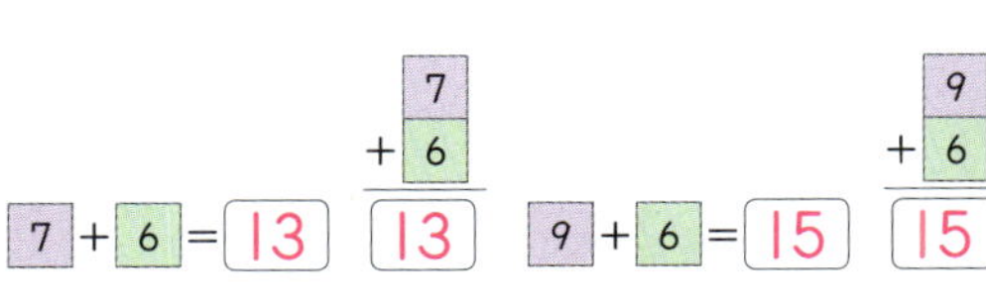

$7 + 6 = 13$　13　　$9 + 6 = 15$　15

▶ 덧셈을 하세요.

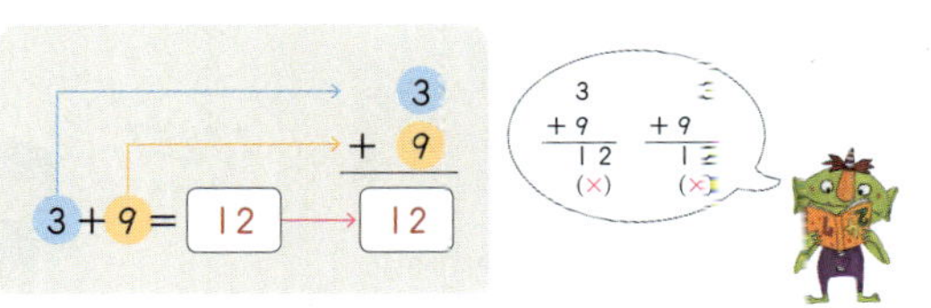

$8 + 5 = 13$　13　　$5 + 6 = 11$　11

$8 + 9 = 17$　17　　$9 + 5 = 14$　4

$5 + 7 = 12$　12　　$7 + 4 = 11$　11

80·81

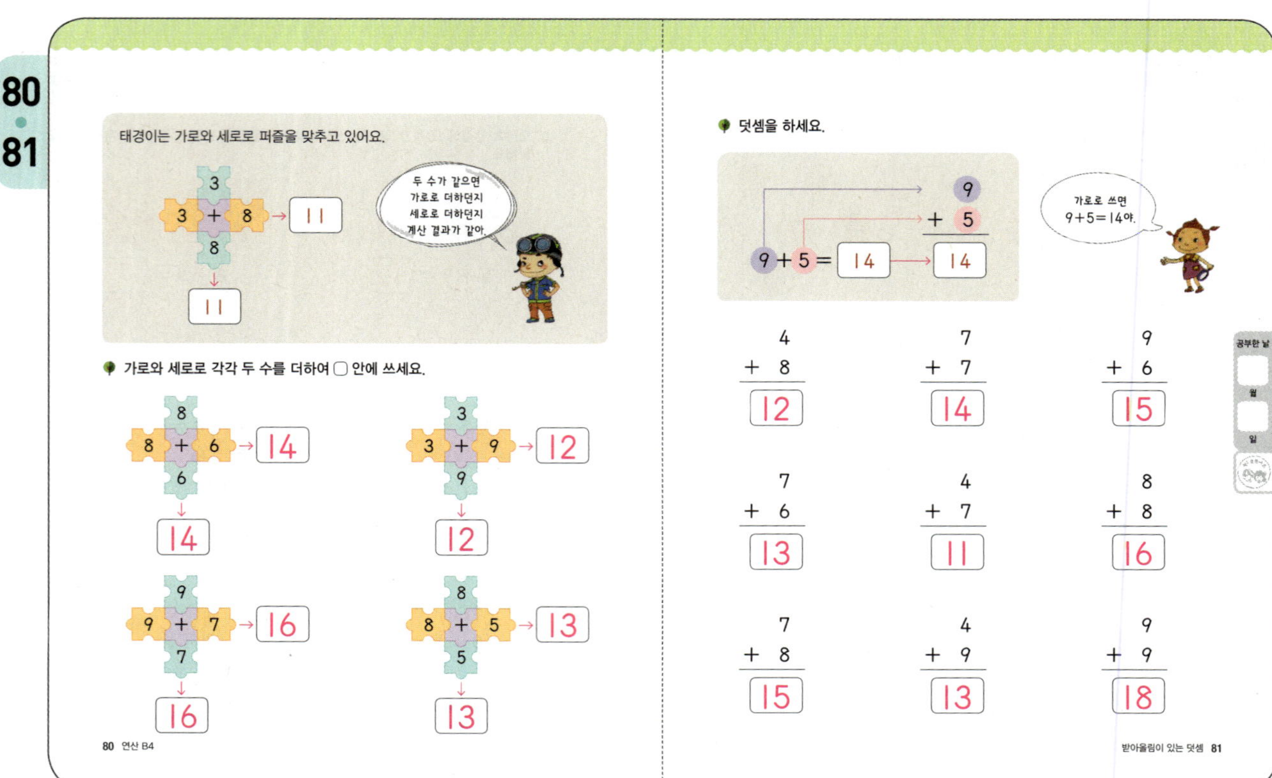

80 연산 B4

받아올림이 있는 덧셈 81

82·83

197 합이 10보다 큰 덧셈

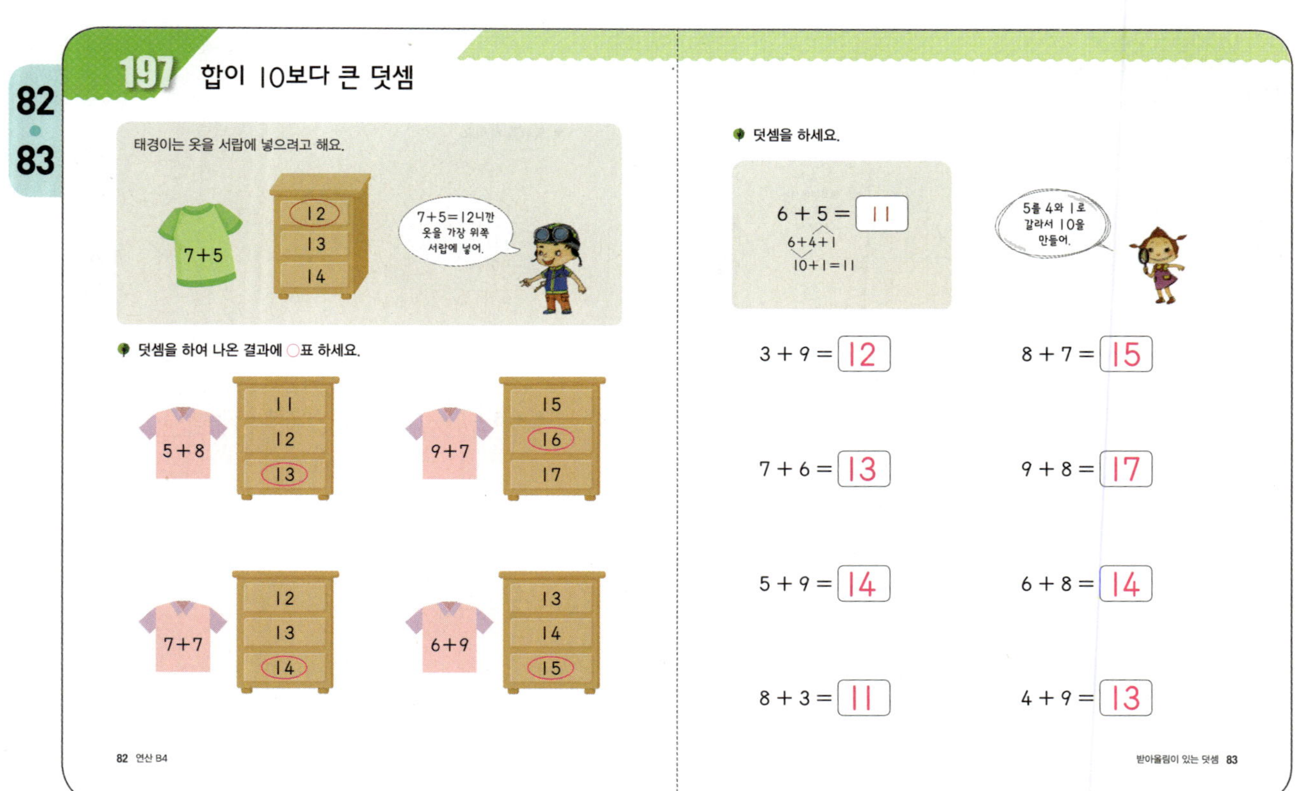

82 연산 B4

받아올림이 있는 덧셈 83

갈림길에서 다람쥐가 도토리를 찾으러 가요.

● 덧셈의 결과를 찾아 선을 그으세요.

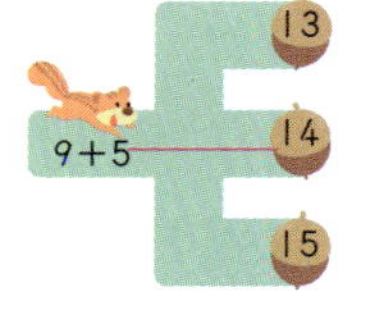

● 덧셈을 하세요.

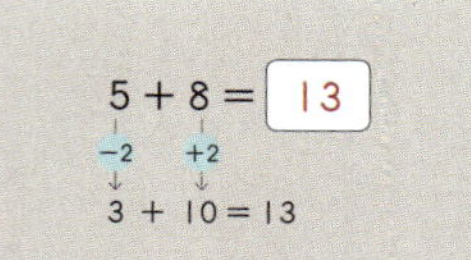

$7 + 4 = \boxed{11}$　　$6 + 9 = \boxed{15}$

$6 + 7 = \boxed{13}$　　$9 + 7 = \boxed{16}$

$8 + 4 = \boxed{12}$　　$7 + 7 = \boxed{14}$

$9 + 9 = \boxed{18}$　　$6 + 8 = \boxed{14}$

198　벌레 먹은 셈

벌레가 나뭇잎을 갉아먹어서 숫자가 없어졌어요.

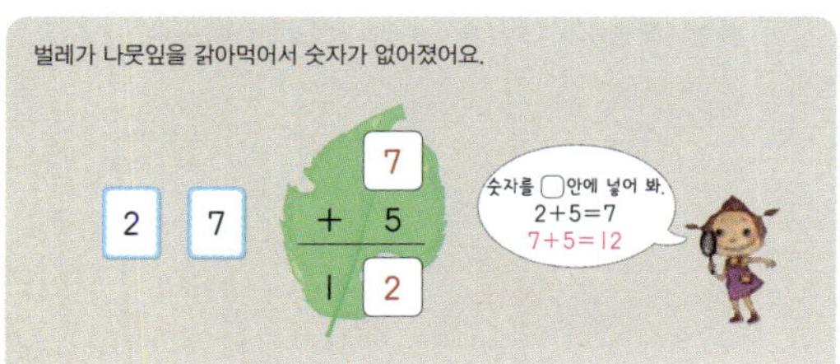

● 주어진 숫자를 □ 안에 쓰고 식을 완성하세요.

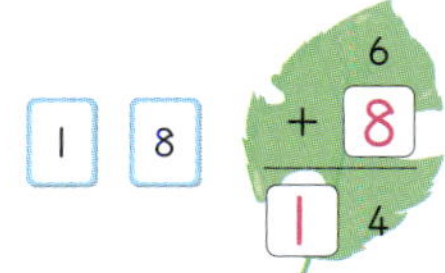

● 주어진 숫자를 □ 안에 쓰고 식을 완성하세요.

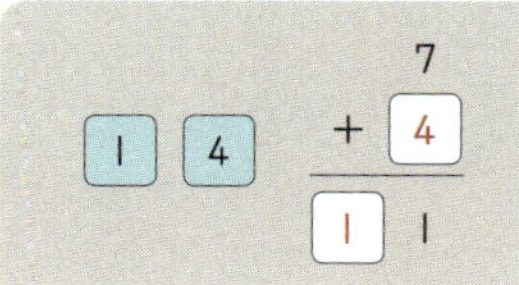

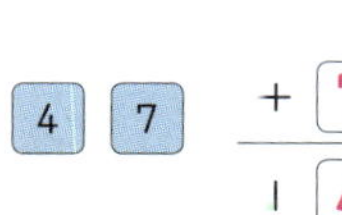

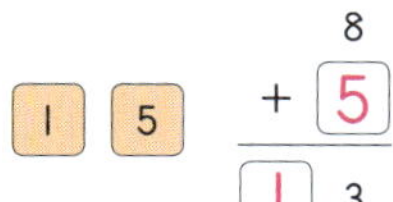

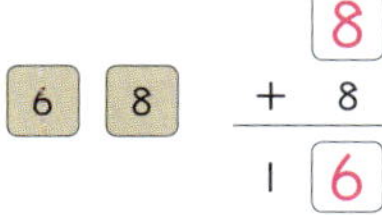

88
89
종이가 찢어져서 숫자가 없어졌어요.
6
+ 9
5
5 9
6+5=11
6+9=15
주어진 숫자를 ☐ 안에 쓰고 식을 완성하세요.
1 7
8
+ 7
1 5
5 1
5
+ 9
1 4
9 6
9
+ 7
1 6
2 8
4
+ 8
1 2
주어진 숫자를 ☐ 안에 쓰고 식을 완성하세요.
8
1 3
+ 3
1 1
어떤 숫자를
넣어야 하지?
8+1=9
8+3=11
1 3
9
+ 3
1 2
1 7
7
+ 6
1 3
3 9
9
+ 4
1 3
4 6
8
+ 6
1 4
1 2
2
+ 9
1 1
5 9
6
+ 9
1 5
88 연산 B4
받아올림이 있는 덧셈 89
공부한 날
월
일

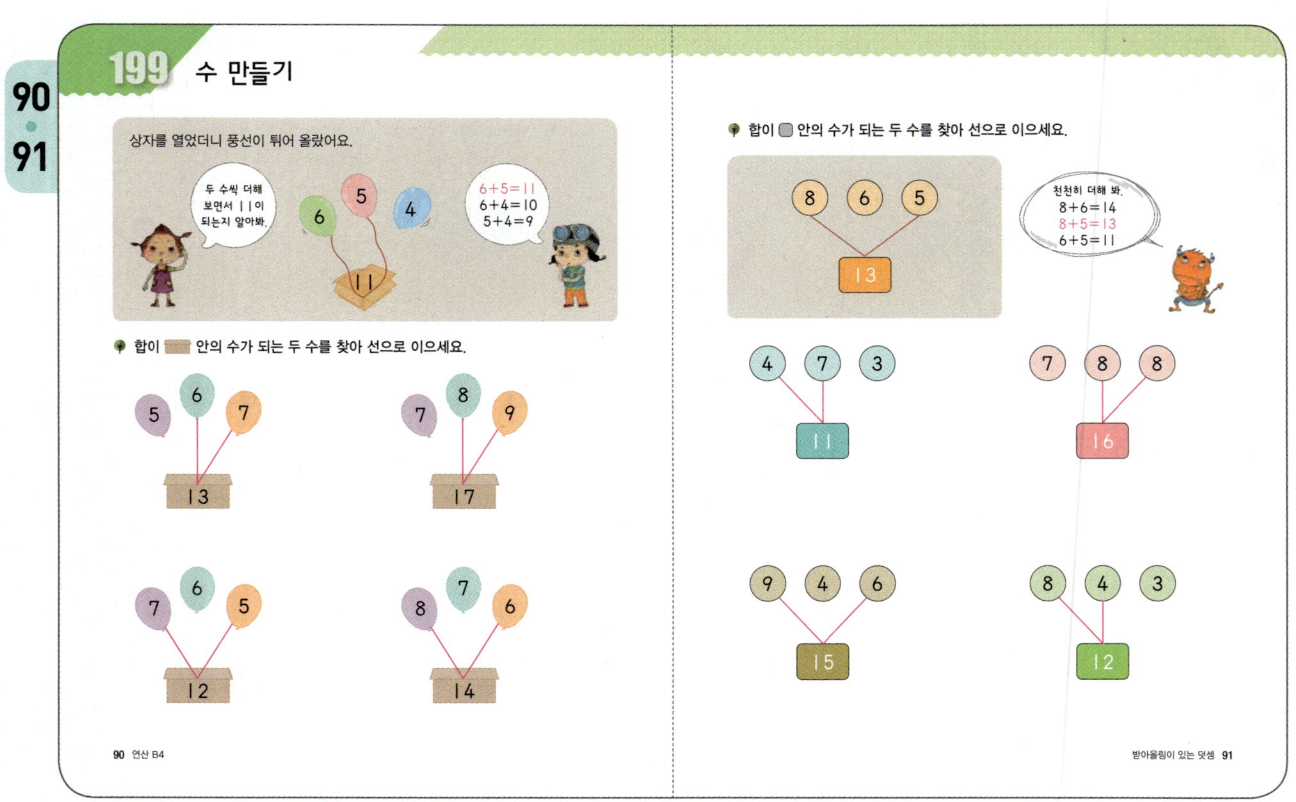
90
91
199 수 만들기
상자를 열었더니 풍선이 튀어 올랐어요.
두 수씩 더해
보면서 11이
되는지 알아봐.
6 5 4
6+5=11
6+4=10
5+4=9
11
합이 ☐ 안의 수가 되는 두 수를 찾아 선으로 이으세요.
5 6 7
13
7 8 9
17
7 6 5
12
8 7 6
14
합이 ☐ 안의 수가 되는 두 수를 찾아 선으로 이으세요.
8 6 5
13
천천히 더해 봐.
8+6=14
8+5=13
6+5=11
4 7 3
11
7 8 8
16
9 4 6
15
8 4 3
12
90 연산 B4
받아올림이 있는 덧셈 91

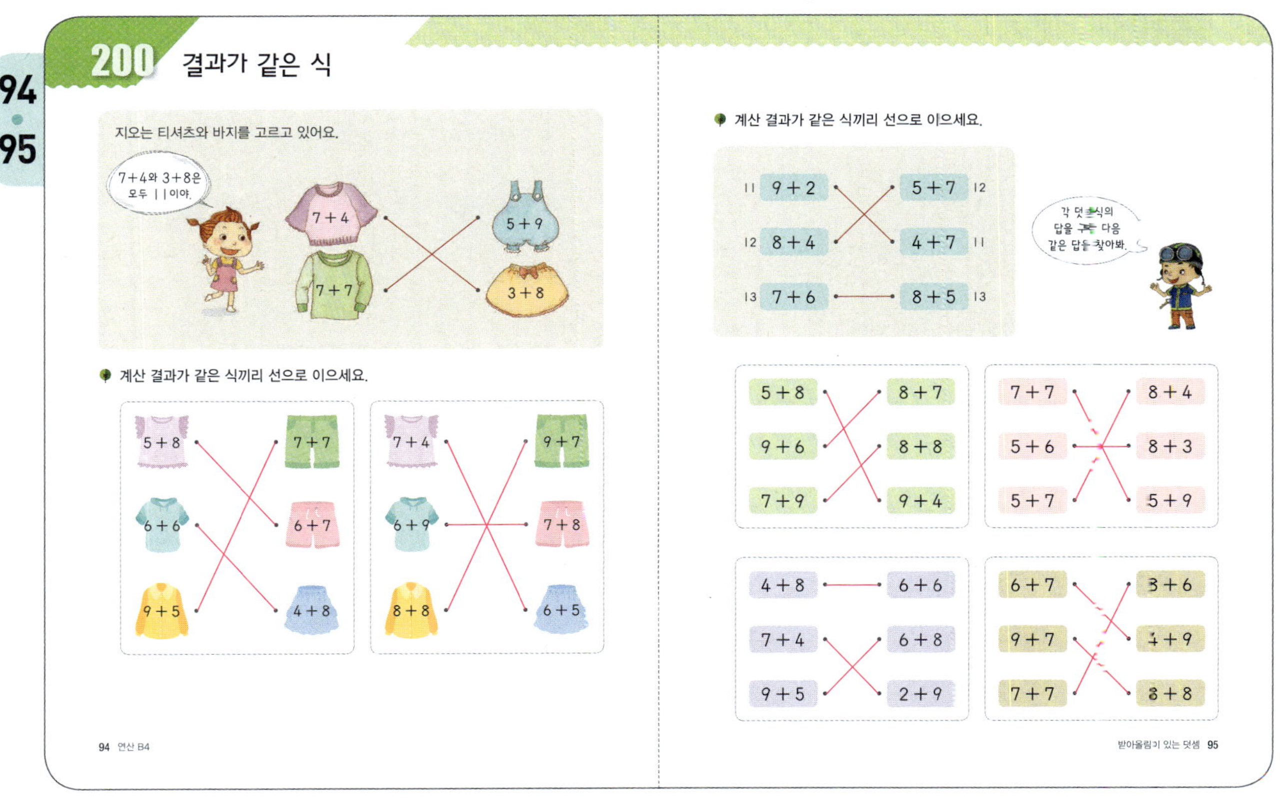

달리던 자동차가 신호등 앞에서 멈췄어요.
두 수씩 더해 보면서 14가 되는지 알아봐.
6 7 7
14
6+7=13
7+7=14
합이 🚗 안의 수가 되는 두 수를 찾아 색칠하세요.
9 2 4
11
8 7 5
12
9 6 7
16
4 8 5
13
합이 ⬜ 안의 수가 되는 두 수를 찾아 색칠하세요.
이젠 쉽게 찾을 수 있지.
5+8=13
5+6=11
8+6=14
11
5 8 6
12
6 6 7
14
4 9 5
11
8 5 3
7
9 6 8
15
6 7 7
18
9 3 9
공부한 날
월
일

지오는 티셔츠와 바지를 고르고 있어요.
7+4와 3+8은 모두 11이야.
7+4
5+9
7+7
3+8
계산 결과가 같은 식끼리 선으로 이으세요.
5+8
7+7
6+6
6+7
9+5
4+8
7+4
9+7
6+9
7+8
8+8
6+5
계산 결과가 같은 식끼리 선으로 이으세요.
각 덧셈식의 답을 구한 다음 같은 답을 찾아봐.
11 9+2   5+7 12
12 8+4   4+7 11
13 7+6   8+5 13
5+8   8+7
9+6   8+8
7+9   9+4
7+7   8+4
5+6   8+3
5+7   5+9
4+8   6+6
7+4   6+8
9+5   2+9
6+7   3+6
9+7   4+9
7+7   8+8

200 결과가 같은 식

96 / 97

담벼락 위에 덤불이 무성하게 자랐어요.

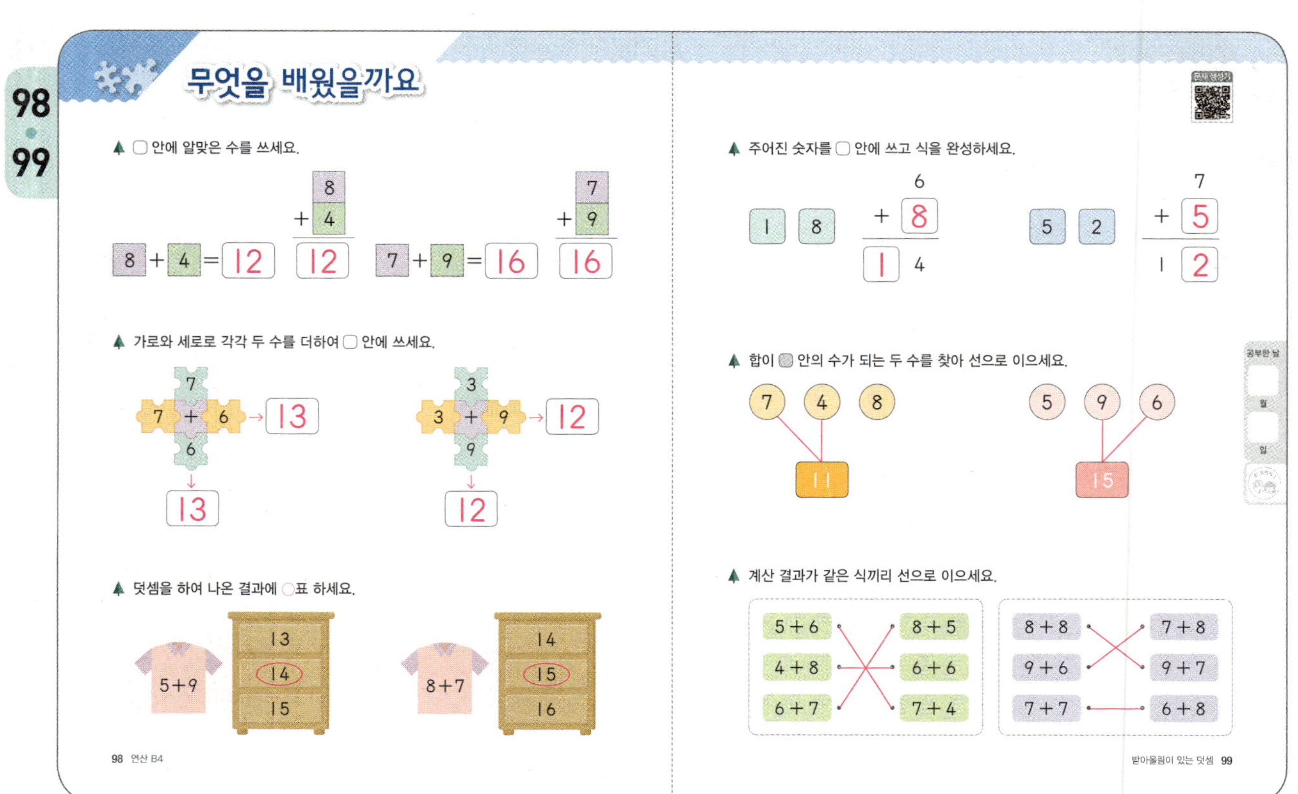

● 계산 결과가 🌿 안의 수가 되는 식을 모두 찾아 색칠하세요.

13
8 + 7
5 + 6

11
6 + 6 | 5 + 8

15
6 + 7
9 + 9

14
9 + 7
4 + 9

● 계산 결과가 지붕에 쓰인 수가 되는 식을 모두 찾아 ◯표 하세요.

11
5 + 7 | (7 + 4)
(5 + 6) | 9 + 4

5+7=12
7+4=11
5+6=11
9+4=13

13
(5 + 8) | 8 + 6
(4 + 9) | 9 + 2

16
(8 + 8) | (9 + 7)
7 + 6 | 8 + 7

15
5 + 7 | (8 + 7)
9 + 9 | (6 + 9)

12
2 + 9 | 9 + 5
(6 + 6) | (4 + 8)

11
(6 + 5) | (8 + 3)
9 + 4 | 6 + 7

14
9 + 3 | (7 + 7)
(6 + 8) | 7 + 9

98 / 99

✨ 무엇을 배웠을까요

🌲 ◻ 안에 알맞은 수를 쓰세요.

$$8 + 4 = 12 \quad 12$$
$$7 + 9 = 16 \quad 16$$

🌲 가로와 세로로 각각 두 수를 더하여 ◻ 안에 쓰세요.

7 + 6 → 13
6 → 13

3 + 9 → 12
9 → 12

🌲 덧셈을 하여 나온 결과에 ◯표 하세요.

5+9
13
(14)
15

8+7
14
(15)
16

🌲 주어진 숫자를 ◻ 안에 쓰고 식을 완성하세요.

6
1 8
+ 8
1 4

7
5 2
+ 5
1 2

🌲 합이 ◻ 안의 수가 되는 두 수를 찾아 선으로 이으세요.

7 4 8
11

5 9 6
15

🌲 계산 결과가 같은 식끼리 선으로 이으세요.

5 + 6 ╳ 8 + 5
4 + 8 ╳ 6 + 6
6 + 7 ╳ 7 + 4

8 + 8 ╳ 7 + 8
9 + 6 ╳ 9 + 7
7 + 7 — 6 + 8

합이 10보다 큰 더하기

관련 쪽수: 6~27쪽

✤ 덧셈을 하세요.

$5 + 6 = \boxed{11}$ $4 + 8 = \boxed{12}$

$7 + 7 = \boxed{14}$ $6 + 9 = \boxed{15}$

$9 + 4 = \boxed{13}$ $7 + 5 = \boxed{12}$

$8 + 6 = \boxed{14}$ $9 + 8 = \boxed{17}$

$\begin{array}{r} 7 \\ + 4 \\ \hline \boxed{11} \end{array}$ $\begin{array}{r} 5 \\ + 9 \\ \hline \boxed{14} \end{array}$ $\begin{array}{r} 8 \\ + 7 \\ \hline \boxed{15} \end{array}$

$\begin{array}{r} 8 \\ + 5 \\ \hline \boxed{13} \end{array}$ $\begin{array}{r} 9 \\ + 7 \\ \hline \boxed{16} \end{array}$ $\begin{array}{r} 3 \\ + 9 \\ \hline \boxed{12} \end{array}$

✤ ☐ 안에 알맞은 수를 쓰세요.

$5 + \boxed{6} = 11$ $\boxed{8} + 8 = 16$

$3 + \boxed{9} = 12$ $\boxed{4} + 9 = 13$

$9 + \boxed{7} = 16$ $\boxed{5} + 7 = 12$

$5 + \boxed{9} = 14$ $\boxed{7} + 8 = 15$

$7 + \boxed{6} = 13$ $\boxed{8} + 6 = 14$

$8 + \boxed{4} = 12$ $\boxed{8} + 9 = 17$

$6 + \boxed{9} = 15$ $\boxed{7} + 4 = 11$

10을 이용한 더하기 (1)

관련 쪽수: 30~51쪽

✤ ☐ 안에 알맞은 수를 쓰세요.

$8 + 2 + 5 = \boxed{15}$ $7 + 4 + 3 = \boxed{14}$
$\boxed{10} + 5 = \boxed{15}$ $\boxed{10} + 4 = \boxed{14}$

$2 + 1 + 9 = \boxed{12}$ $4 + 9 + 6 = \boxed{19}$
$2 + \boxed{10} = \boxed{12}$ $\boxed{10} + 9 = \boxed{19}$

✤ 더해서 10이 되는 두 수를 찾아 ◯로 묶고 덧셈을 하세요.

$(5 + 8 + 5) = \boxed{18}$ $(3 + 7) + 6 = \boxed{16}$

$(9 + 1) + 7 = \boxed{17}$ $2 + (7 + 3) = \boxed{12}$

$(2 + 3 + 8) = \boxed{13}$ $1 + (4 + 6) = \boxed{11}$

✤ ☐ 안에 알맞은 수를 쓰세요.

$7 + 4 = \boxed{11}$ $6 + 9 = \boxed{15}$
$7 + \boxed{3} + 1 = \boxed{11}$ $5 + \boxed{1} + 9 = \boxed{15}$

$6 + 6 = \boxed{12}$ $6 + 9 = \boxed{13}$
$6 + \boxed{4} + 2 = \boxed{12}$ $3 + \boxed{1} + 9 = \boxed{13}$

$9 + 8 = \boxed{17}$ $5 + 6 = \boxed{11}$
$9 + \boxed{1} + 7 = \boxed{17}$ $1 + \boxed{4} + 6 = \boxed{11}$

$8 + 8 = \boxed{16}$ $5 + 9 = \boxed{14}$
$8 + \boxed{2} + 6 = \boxed{16}$ $4 + \boxed{1} + 9 = \boxed{14}$

106 / 107

10을 이용한 더하기 (2)
관련 쪽수: 54~75쪽

✜ 덧셈을 하세요.

$6 + 5 = 11$
$10 + 1 = 11$

$8 + 8 = 16$
$10 + 6 = 16$

$4 + 8 = 12$
$2 + 10 = 12$

$6 + 9 = 15$
$5 + 10 = 15$

✜ ☐ 안에 알맞은 수를 쓰세요.

$5 + 9 = 14$
$4 + 10 = 14$

$7 + 6 = 13$
$10 + 3 = 13$

$4 + 7 = 11$
$1 + 10 = 11$

$9 + 8 = 17$
$10 + 7 = 17$

받아올림이 있는 덧셈
관련 쪽수: 78~99쪽

✜ ☐ 안에 알맞은 수를 쓰세요.

$6 + 7 = 13$
$\begin{array}{r} 6 \\ + 7 \\ \hline 13 \end{array}$

$4 + 8 = 12$
$\begin{array}{r} 4 \\ + 8 \\ \hline 12 \end{array}$

$9 + 6 = 15$
$\begin{array}{r} 9 \\ + 6 \\ \hline 15 \end{array}$

$7 + 7 = 14$
$\begin{array}{r} 7 \\ + 7 \\ \hline 14 \end{array}$

✜ 덧셈을 하세요.

$\begin{array}{r} 6 \\ + 6 \\ \hline 12 \end{array}$
$\begin{array}{r} 4 \\ + 9 \\ \hline 13 \end{array}$
$\begin{array}{r} 8 \\ + 7 \\ \hline 15 \end{array}$

$\begin{array}{r} 9 \\ + 3 \\ \hline 12 \end{array}$
$\begin{array}{r} 6 \\ + 8 \\ \hline 14 \end{array}$
$\begin{array}{r} 7 \\ + 9 \\ \hline 16 \end{array}$

108

✜ 주어진 숫자를 ☐ 안에 쓰고 식을 완성하세요.

1, 6
$\begin{array}{r} 7 \\ + 6 \\ \hline 1\ 3 \end{array}$

1, 9
$\begin{array}{r} 9 \\ + 7 \\ \hline 1\ 6 \end{array}$

7, 8
$\begin{array}{r} 8 \\ + 9 \\ \hline 1\ 7 \end{array}$

5, 7
$\begin{array}{r} 8 \\ + 7 \\ \hline 1\ 5 \end{array}$

3, 9
$\begin{array}{r} 4 \\ + 9 \\ \hline 1\ 3 \end{array}$

2, 6
$\begin{array}{r} 6 \\ + 6 \\ \hline 1\ 2 \end{array}$

1, 6
$\begin{array}{r} 6 \\ + 8 \\ \hline 1\ 4 \end{array}$

1, 7
$\begin{array}{r} 7 \\ + 7 \\ \hline 1\ 4 \end{array}$